Luxusuhren als Investment

Leonard Lowe

2019-10-10

Das Buch

Uhren sind lohnende Investments. Freilich nicht alle Uhren, sondern nur bestimmte, besondere, ausgewählte.

Aber auch nicht so besonders, dass man sie nicht einfach kaufen könnte. Einige davon wenigstens. Wie Sie erkennen, welches Investment in diese Anlageform sich lohnt, dazu dient dieses Buch.

Wie alle Luxusgüter muss eine Uhr selten und nachgefragt sein, um im Preis zu steigen. Daher fallen alle Konsumgüter in ihrem Wert – nicht aber Luxusgüter: Luxusgüter sind selten, nicht in Massen verfügbar, knapp, haltbar, zeitlos, damit wertstabil und somit gefragt.

Dieses Buch wird Ihnen alle Details des Investments in Luxusuhren knapp und auf die entscheidenden Informationen fokussiert präsentieren, sodass Sie, nachdem Sie es gelesen haben, unmittelbar ihre Erste Uhr als Investment kaufen können.

Der Author

Leonard Löwe ist Ingenieur, Wissenschaftler, Dozent für Ingenieurwesen und Mitglied im Club für klare Worte. Seine Erfolgsformel in Wissenschaft und Technik lautet 'nie glauben, sondern infrage stellen – nie stillstehen, sondern lernen – nie akzeptieren, sondern verstehen'.

Er ist Autor verschiedener Bücher aus den Bereichen Technik, Philosophie und Politik. Roh, direkt, klar und deutlich.

Jenseits seiner beruflichen Aktivitäten ist er ein Technik- und High-Tech Enthusiast, Computer Nerd, scharfsinniger Denker und Schreiber. Er ist begeisterter Sammler von Wissen und ebenso inspirierter Redner und seine scharfsinnigen und oft scharfzüngigen Analysen helfen Lesern auf der ganzen Welt, die richtigen Entscheidungen zu treffen.

Unser Dank geht an Rolex S.A., Patek Philippe S.A., Tudor S.A., Audemars Piguet S.A., Breitling S.A., Panerai S.A., Omega S.A., Hublot S.A. IWC S.A., Jaeger-LeCoultre S.A., Eterna S.A., and A. Lange AG für die freundliche Unterstützung.

Impressum

 Umschlaggestaltung, Layout und Satz von Denk-Verlag.de. mail@denk-verlag.de. Verantwortlicher Herausgeber für Inhalt und Gestaltung: Thomas von Tennenlohe.

ISBN: 978-3-7394-6888-4

Inhaltsverzeichnis

Kapitel 0

Einleitung

In diesem Buch lernen Sie alles notwendige, um in Luxusuhren zu investieren. Ihr Ziel damit kann sein, Kapital zu erhalten, Kapital zu erweitern, Rendite zu erwirtschaften und während all dieser trockenen Themen auch Freude an kunstvollen Luxusgegenständen zu haben.

Dieser Kurs lehrt Sie alles, was dazu nötig ist. Welche Uhren den höchsten Wertzuwachs versprechen. Welche Uhren in welchem Preisbereich den dauerhaftesten Kapitalerhalt versprechen. Welche Modelle die Ikonen ihrer Zunft sind – und deshalb vermutlich nie aus der Mode kommen werden, i.e. ihren Wert über lange Zeiträume erhalten oder sogar massiv an Wert gewinnen.

Freilich, das Investment in Uhren ist nicht so simpel wie das in Edelmetall. Hier haben Sie weniger als 5 Metalle zur Auswahl und können je nach Kapital, das Sie sichern wollen, entsprechende Mengen davon kaufen.

Bei Uhren ist es etwas komplexer. Aber nicht viel. Zwar gibt es hunderte Uhrenhersteller mit noch einmal dutzenden Modellen je Hersteller, die Auswahl ist größer, die Unterschiede sind größer, aber deswegen macht es auch mehr Spaß. Die Übergänge zwischen Uhrenfans, Sammlern und Investoren sind fließend, die Grauzonen breit. Aber keine Sorge: auch der Uhrenmarkt hat seine Regeln und beileibe ist nicht jedes Modell wie das andere, aus der Perspektive des Investors. Hier gibt es entscheidende Details zu wissen, die den Unterschied machen zwischen Verlust und großen Gewinnen.

Und so ist das Investment in Uhren nicht nur eine rein finanzielle Angelegenheit, sondern bringt auch Freude und Kenntnis mit sich, Spezialwissen über Objekte von hoher Kunstfertigkeit und einmaliger Schönheit. Es ist wie das Investment in andere Kunstgegenstände, in Gemälde, Plastiken oder Oldtimer. Es erfordert etwas Hintergrundwissen, um das Richtige zu kaufen und sich von den Verlierern fern zu halten. Aber dieses Hintergrundwissen zu erwerben und im Laufe der Zeit weiter auszubauen ist eine schöne Sache, es hat mit ästhetischen Dingen zu tun, es bringt einem Kunstverständnis und den Umgang mit Schönheit, Eleganz und Perfektion. Es lohnt sich also auf jeden Fall.

Hier werden wir den Grundstein legen für Ihren Erfolg in dieser schönen Welt, die geprägt ist von Stil, Eleganz, Langlebigkeit, Luxus und Meisterschaft. Sie werden alles erfahren, was Sie benötigen um reibungslos mit diesem Investment und vielleicht auch diesem Hobby loslegen zu können.

Wir beginnen mit etwas nötigem Grundwissen über Uhren und die Geschichte der Uhren. Dann befassen wir uns genauer die 'Natur' des Luxusguts und worin es sich von anderen Gütern unterscheidet. Für das Thema Investment ist entscheidend, dass man sein Geld kompakt anlegen kann. Daher befassen wir uns mit den Preisbereichen in denen Uhren angeboten werden, die sich als Investment eignen. Es nützt nichts, wenn Sie für Ihr Kapital eine LKW-Ladung Uhren kaufen müssen. Dann sehen wir uns an, was Sie von einem Investment in Uhren erwarten dürfen – und was nicht. Schließlich befassen wir uns mit der Branche. Sehen uns die Hersteller an und die Modelle, die als Investment in Frage kommen. Dann diskutieren wir die Frage, ob man besser neu oder gebraucht kauft. Und schließlich illustrieren wir das Gesagte an einer Reihe von Fallbeispielen, in denen auch Sonderfälle und zusätzliche Aspekte der Uhrenwelt zur Sprache kommen.

Also lassen Sie uns beginnen... mit einer kurzen Geschichte.

Kapitel 1

Warum investieren?

Der Geldwert aller Währungen zerrinnt wie Butter in der Sonne. Die Geldwertstabilität, selbst der bedeutendsten Währungen weltweit, etwa des US-Dollar und des Euro sind heute schlicht aus politischen Gründen nicht mehr gegeben. Die Geldwertstabilität ist passe.

Seit der Einführung der 'Währung' US-Dollar im Jahre 1971, seitdem der Dollar kein 'Geld' mehr ist, sondern nur noch eine Währung, seitdem also die Golddeckung jedes einzelnen Dollar aufgehoben wurde, hat der US-Dollar 90% an Wert verloren. Und der Euro scheint ihn darin noch übertreffen zu wollen.

Durch Inflation werden tagtäglich Milliarden Euro an Geldwert vernichtet und damit Privatvermögen, hart erarbeitetes Vermögen von Menschen, einfach vernichtet. Nicht nur arbeiten die Menschen beinahe die Hälfte ihrer gesamten Arbeitszeit, also etwa eines Jahres oder auch ihres gesamten Lebens, nur für den Staat — und nicht etwa für sich selbst — von dem was ihnen nach Steuern bleibt, nimmt die versteckte Steuer der Inflation noch einmal gut 30-90% hinfort. Sofern sie das Geld nicht investieren.

Wer das Glück hat, Kapital sein eigen zu nennen, hat demnach nur zwei Möglichkeiten: entweder alles an die Inflation verlieren oder das Kapital in Werte zu investieren, die bleiben.

Und Dinge von bleibendem Wert gibt es tatsächlich nur wenige: es sind dies Immobilien, Sachwerte, wie Unternehmensbeteiligungen (sofern wenigstens das Unternehmen weiterhin erfolgreich ist), sowie Edelmetalle und Kunstwerke.

Abbildung 1.1: Sachwerte von bleibendem Wert

Immobilien erfordern einen relativ hohen Einstiegspreis, Unternehmensbeteiligungen sind eine risikoreiche Sache, und Edelmetalle werden zunehmend staatlich reglementiert, kontrolliert und überwacht. Bleibt als Anlageform das Kunstwerk. Kunstwerke sind ähnlich wie Edelmetalle in vielen verschiedenen Preisbereichen verfügbar und eignen sich als Anlageform für nahezu jeden Geldbeutel.

Dafür werfen Immobilien und Unternehmensbeteiligungen eine Rendite ab, der Besitz wird also positiv verzinst und man erhält regelmäßig, etwa monatlich, quartalsweise oder jährlich eine Auszahlung, eine Bezahlung für das Investment, bei Immobilien oft in Form einer Miete, bei Unternehmensbeteiligungen in Form einer Dividende, also einer Gewinnbeteiligung.

Edelmetalle und Kunstwerke bieten keine monetäre Rendite, wohl kann man aber die Freude, die ein Kunstwerk bereitet, als eine solche betrachten.

Die Sparte der Kunstwerke ist hier relativ breit zu sehen: es zählen darunter nicht nur klassische Werke von Künstlern, wie Gemälde, Plastiken, sondern auch in einem erweiterten Sinne haltbare Werke handwerkliche Kunst, wie etwa wertvolle Teppiche und Möbel, Porzellan, Oldtimer, Schmuck - und freilich Uhren.

Abbildung 1.2: Kunstwerke im weiteren Sinn

All diese Werke unterscheiden sich hinsichtlich Preisbereich, in dem sie sich bewegen, ihrer Beweglichkeit und Kompaktheit, ihrer Robustheit oder Zerbrechlichkeit, ihrer Begehrtheit, sowie ihre tatsächlichen Anwendungswertes, also eines gewissen Restwertes durch ihren reinen Nutzen, sofern der Liebhaberwert keine Rolle mehr spielt.

Der reine Liebhaberwert, der ideelle Wert, die Kunstsinnigkeit, die erforderlich ist um den Wert in einem solchen Objekt zu erkennen, betrifft vor allem die echte Kunstwerke, sowie Schmuck und andere Gegenstände deren Gebrauchswert sehr gering ist.

Möbel, Teppiche, sogar Oldtimer und vor allem auch Uhren haben natürlich immer einen gewissen Gebrauchswert. Dieser mag aber hinter ihrem tatsächlich ideellen Wert, ihren Wert als Kunstwerk weit zurück stehen.

Solche Objekte eignen sich, Kapital zu erhalten, weil sie gewöhnlich ihren Wert nicht in dem Maße verlieren, wie andere. Insbesondere leisten dies Objekte aus dem Luxusbereich, also besonders teure, hochwertig, mit handwerklicher Meisterschaft gefertigte und daher äußerst langlebige, seltene, begehrte, weil für viele Menschen unerschwingliche Objekte.

Ähnlich wie in Edelmetall, lassen sich auch größere Geldsummen in solchen Objekten platzsparend und mobil speichern.

Anders als Edelmetalle, unterliegen Kunstwerke keiner Reglementierung und keiner staatlichen Kontrolle. Sie sind so etwas, wie das Bargeld unter den Sachwerten.

Kunst und Sinn

Betrachten wir also diese Kunst-Arten und bewerten wir ihre Investment-Qualität.

Für den Investor sind folgende Fragen interessant:

1. langfristiger Werterhalt
2. Wertzuwachs
3. Rendite
4. Breiter Preisbereich
5. Platzbedarf
6. Robustheit und Vergänglichkeit
7. Mobilität

Betrachten wir nun die Kunst-Bereiche nach diesen Kriterien:

Gemälde, Plastiken, Möbel und Teppiche, Oldtimer, Schmuck und Uhren.

Gemälde 1. Gemälde haben keine Funktion und bestehen aus keinen hochwertigen Materialien. So basiert ihr Wert rein auf ideellem Wert. Ihr Werterhalt ist also von der Aufrechterhaltung dieses ideellen Wertes abhängig. 1/5

2. Der Wertzuwachs hängt davon ab, wie der Maler in Sammlerkreisen wahrgenommen wird. Verfällt er im Ansehen, verfällt der Wert seiner Werke. 3/5

3. Eine Rendite ist keine zu erwarten, außer der Schönheit eines Gemäldes an der Wand 1/5

4. Gemälde gibt es in allen Preisbereichen. Die wirklichen Sammlerstücke beginnen aber bei deutlich oberhalb von 20.000 Euro. Darunter ist die Gefahr eines Wertverlustes groß. Extrem gesuchte Kunstwerke können den Kunstsinnigen und Sammlern bis zu 200 Millionen Euro wert sein. Der Preisbereich ist also extrem groß, beginnt aber auch mit sehr hohen Einstiegspreisen. 3/5

5. Der Platzbedarf von Gemälden ist hoch. Sie sind sperrig und schlecht zu lagern, nicht zuletzt aufgrund ihrer Fragilität. Selbst Sonnenlicht kann sie beschädigen. 1/5

6. Die Robustheit von Gemälden ist gering. Alles kann sie beschädigen. 1/5

7. Aufgrund ihrer Sperrigkeit sind sie auch kaum mobil. Den Gegenwert von einigen 100.000 Euro in Gemälden trägt man nicht mal eben aus dem Haus. 1/5

Gemälde erreichen in unserem Wertungsschema als Investmentobjekte also 11 von 35 Punkten, das sind 31%.

Plastiken und Statuen 1. Wenigstens einige Statuen bestehen aus Porzellan oder Bronze, selten aus Silber oder Gold. Viele aber auch aus Gusseisen, Steingut oder Holz. Ihr Wert ist also in alle Regel ideeller Natur. 2/5

2. Der Wertzuwachs basiert auf dem Ansehen des Künstlers und da gibt es viele. 1/5

3. Die Rendite basiert – wie bei den Gemälden – auf ihre Schönheit und die Freude des Besitzers daran. 2/5

4. Plastiken erreichen nicht die Preisbereiche wie Gemälde, sondern bewegen sich eher im Bereich zwischen 1.000 und 10.000 Euro. Recht niedrig für größeres Investment. 2/5

5. Plastiken sind kleiner als Gemälde, aber zerbrechlich und daher ebenfalls schwer zu lagern. Immerhin sind sie, sofern sie aus Metall sind, deutlich stabiler, als Gemälde. 2/5

6. Die Robustheit von Plastiken hängt vom Material ab. Porzellan zerbricht, Bronze nicht. 3/5

7. Die Mobilität von Statuen ist besser als die von Gemälden, aufgrund ihres generell geringeren Wertes sind aber auch hier größere Werte kaum transportabel. 1/5

Statuen und Plastiken erreichen also 13 von 35 Punkten, das sind 37%.

Möbel und Teppiche 1. Möbel und Teppiche bestehen nicht aus hochwertigen Materialien, sondern in aller Regel aus Holz und Wolle. Immerhin haben sie neben ihrem ideellen Wert einen in aller Regel hohen Gebrauchswert. Selbst wenn keiner sie mehr haben will, kann man immer noch darin wohnen, was ihren Werterhalt jenseits von Kunstsinnigkeit stabilisiert. 4/5

2. Wertzuwachs ist bei Möbeln eine Frage der Mode. In aller Regel kommen Moden nicht wieder, sodass alte Möbel alt bleiben. Einige Stilepochen haben ihre Liebhaberkreise, etwa der Jugendstil oder das Art Deco, andere verfallen in ihrer Nachfrage komplett. Der Wertzuwachs ist Abhängig von diesen Moden. 2/5

3. Rendite ist der Gebrauch und die Anmut und Eleganz der Wohnumgebung, die man mit diesen Objekten erreichen kann. 3/5

4. Möbel und Teppiche bewegen sich im Bereich von 3.000 bis 50.000 Euro und sind damit für ein Investment in diesem mittleren Bereich geeignet. 4/5

5. Der Platzbedarf von Möbeln ist exorbitant. Sie nehmen ganze Räume in Beschlag und sind nahezu untransportabel, einige nur in demontiertem Zustand. Dafür sind sie relativ robust und, so aus wertigen Hölzern gefertigt, extrem dauerhaft. 1/5

6. Die Robustheit von Möbeln und Teppichen ist gut. Sie können Schaden nehmen, eine völlige Zerstörung geschieht jedoch nicht so leicht und sie sind reparabel. 3/5

7. Möbel sind nahezu immobil. Man wohnt ja praktisch in seinem Investment. 0/5

Möbel und Teppiche eignen sich bedingt als Investment, da sie nur äußerst begrenzt mobil sind. Immerhin 17 von 35 Punkten, also 49%.

Oldtimer 1. Alte Autos und Motorräder haben einen primär ideellen Wert, durchaus auch einen Gebrauchswert, aber nur einen geringen Materialwert. Der Werterhalt ist damit moderat, aber durch die große Anzahl an Interessenten relativ stabil. 4/5

2. Der Wertzuwachs hängt wenig von Moden ab, da über die Allzeit-Klassiker breite Einigkeit herrscht. 3/5

3. Die Rendite ist abermals die Freude am Objekt und am Umgang damit. Immerhin kann man damit fahren. 4/5

4. Preislich beginnen gute Oldtimer oberhalb von 50.000 Euro und erreichen einige Millionen Euro in Sonderfällen. Etwas hoch und damit wenig skalierbar 2/5

5. Der Platzbedarf von Oldtimern ist noch höher, als bei Möbeln. Allerdings genügt eine Scheune. 1/5

6. Die Robustheit von Oldtimern ist relativ. Zwar halten Autos allgemein viel aus, aber bei Kunstwerken sind kleinste Beschädigungen schon ärgerlich. Andererseits sind sie gut reparier- und restaurierbar. 4/5

7. Oldtimer sind freilich hoch-mobil. Allerdings nur immer einer pro Fahrer. Sie sind nicht tragbar und wenn sie – aus welchen Gründen auch immer – nicht selbst fahren sind sie ebenso immobil wie Möbel. 2/5

Oldtimer erreichen immerhin 20 von 35 Punkten und damit 57%.

Schmuck und Uhren 1. Uhren und Schmuck bestehen in aller Regel aus Metallen, Edelmetallen und Edelsteinen. Neben dem ideellen Wert, den man ihnen aufgrund der Kunstfertigkeit ihrer Fertigung und der Meisterhand, die sie geschaffen hat zubilligt haben sie einen grundlegenden Materialwert, der aber oft nur bei 10% ihres Sammlerwertes liegt. 3/5

2. Der Wertzuwachs von Uhren wird von einigen Herstellern aktiv vorangetrieben. Ansonsten bewegt er sich bei nahe Null. 3/5

3. Die Rendite ist die Möglichkeit sich mit Schmuck und Uhren zu schmücken, resp. sich an ihrer Schönheit zu erfreuen. 2/5

4. Uhren und Schmuck bedienen den Bereich zwischen 5.000 und 100.000 Euro, nur in Extremfällen bis 1 Million Euro. Für ein Investment ist dies aber ein passabler Bereich. 4/5

5. Uhren und Schmuck vereinen einen hohen ideellen und realen wert auf in aller Regel sehr kleinem Raum. Hohe Werte lassen sich kompakt speichern. 5/5

6. Aufgrund ihrer Bauweise sind Uhren und Schmuck beschädigbar, aber nicht so fragil und zerbrechlich, wie andere Kunstobjekte. 4/5

7. Aufgrund ihrer Kompaktheit sind Uhren und Schmuck in kleinen Koffern gut transportfähig. Das Kapital wird damit hochtransportabel, ähnlich wie Edelmetall und Geld. 4/5

Damit erreichen Uhren und Schmuck 25 von 35 Punkten, also 71%.

Es zeigt sich, dass ein Investment in Schmuck und Uhren unter den Kunstobjekten in vielerlei Hinsicht von Vorteil ist. Der für ein Investment verschiedener Größenordnung geeignete Preisbereich, die Mobilität, sowie die geringe Vergänglichkeit und gute Veräußerbarkeit sprechen für diesen Bereich.

Freilich ist jede gute Kapitalanlage diversifiziert. Auch wenn Uhren und Schmuck sich als die Gewinner, dieses kleinen Vergleichs erweisen, so sind es doch auch Ihre Präferenzen als Anleger, die eine wichtige Rolle spielen. Letztlich überschneiden sich hier, finanzielle Notwendigkeit und Freude an der Sache. Ebenso spricht vieles dafür, nicht alle Eier in einem Korb zu haben, sondern zu streuen und somit einseitige Verluste zu vermeiden oder gar zu kompensieren. Denn das Geld will und muss irgendwo hin...

Und freilich mag es noch viele weitere, noch speziellere Sammler-Gebiete und Kunstformen geben. Aber wir suchen bewusst den Mainstream, das Verbreitete, nicht die Ausnahme, weil ein Investment freilich nur so gut ist, wie die Möglichkeit daraus kurzfristig auch wieder Geld zu machen.

Die Angst vor dem Investment

Investment bedeutet, viel Geld in ein Gut, eine Immobilie, ein Stück Edelmetall oder eben eine Uhr zu stecken, mit gewissermaßen ungewissem Ausgang.

Zeitgleich nimmt man sich mit diesem Schritt ein Stück Flexibilität, dieses Geld in etwas anderes, ein anderes Gut, einen Urlaub, ein Auto oder ein anderes Konsumgut zu stecken.

Aber sehen wir das positiv. Geld, das wir in einer guten werthaltigen Anlage gelagert haben, ist keine Versuchung es für Konsum zu verprassen. Es ist eine Art gelebte Sparsamkeit, Geld in Kapitalanlagen zu parken, statt in Bargeld auf einem Konto oder gleich im Geldbeutel.

Zweitens, sind Luxusgüter so geartet, dass sie nicht nur langlebig sind, sondern auch über eine lange Zeit Freude bereiten. Einmal, weil sie nicht kaputt gehen, aber auch vor allem, weil ihr Stil und ihre Zeitlosigkeit sich nach Wochen, Monaten, Jahren und Jahrzehnten als unermüdliche Quellen von Ästhetik und Schönheit, also von Freude erweist. Ein Luxusgut ist voller Qualität – und Qualität befriedigt länger, als etwas modisches, schnelllebiges. Vergleichen wir es mit Essen: ein gutes hochwertiges Essen macht nicht nur ebenso satt, wie eine riesige Menge billiges Essen, der Genuss ist so viel fundierter, dass die psychologische Befriedigung länger anhält und man allein aus Gründen der inneren Befriedigung nicht sofort den nächsten billigen Fraß nachschieben muss.

Ebenso ist es mit Luxusgütern. Die Befriedigung, die aus ihrem Besitz und aus dem Umgang mit ihnen erwächst ist dauerhafter, langanhaltender und damit fühlt man keine Notwendigkeit kurzfristiger, erneuter Triebbefriedigung, sondern ist zufrieden und erfreut an dem, was man hat. Eine Art gelebte Zufriedenheit.

Das ist der Grund, weshalb viele reiche Menschen asketisch wirken und Verzicht üben. Ihr Geld, ihre Sicherheit auch morgen noch Reich zu sein, liegt nicht auf ihrem Konto, sondern in werthaltigen Investments... in ihrem Anwesen, in Kunstwerken, in hochwertigen Möbeln, in Schmuck und Edelmetall, in Unternehmensanteilen, die Rendite abwerfen. Aber nicht in Geld. Geld, Bargeld haben sie nur in dem Umfang, wie sie es zur Finanzierung ihres täglichen Lebens benötigen. Vielleicht einige Tausend Euro, Dollar oder Pfund. Aber nicht mehr. Denn mehr Bargeld zu halten, ist ein Verlustgeschäft.

Und doch: bei aller Richtigkeit unserer Überlegungen, bei aller historisch belegter Werthaltigkeit, bei allem Vertrauen auf eine gewisse Kontinuität der Läufte der Welt, die schon nicht genau morgen enden wird... freilich ist die Zukunft ungewiss.

Steckt man Geld in eine Immobilie, in deren Nachbarschaft am nächsten Tag eine Müllverbrennungsanlage gebaut wird, kauft man Gold, dessen Wert am nächsten Tag von einem Gesetz begrenzt, beschnitten oder gar durch ein Verkaufsverbot genullt wird, kauft man eine Uhr, die am nächsten Tag keiner mehr haben will, ist das Geld futsch.

Diese Gefahr besteht, dieses Risiko ist nicht von der Hand zu weißen.

Außerdem büßt man Flexibilität ein. Freilich ist Geld ein jederzeit überall anerkanntes Zahlungsmittel. Geld zu haben, Bargeld, bedeutet Flexibilität immer zahlungsfähig zu sein, die Freiheit zu haben, zu kaufen, was im Rahmen der vorhandenen Barschaft möglich ist. Das ist Luxus, das ist bequem, es verleitet dazu, Geld zu halten, statt es zu investieren.

Aufgeblasen

Es ist so verlockend leicht, einfach beim Status Quo zu bleiben und das Geld auf der Bank zu belassen. Dort, wo es nicht nur jemand anderer hat (die Bank), sondern sich auch (Inflation) kontinuierlich verflüchtigt.

Die Zahl auf dem Kontoauszug ändert sich nicht, was scheinbar bedeutet, dass der Geldwert der dort lagert auch konstant bleibt. Das ist aber, wie wir gesehen haben, nicht der Fall. Das ist ein Theaterstück. Aber die meisten Menschen glauben das und legen ihr Geld in Form von Geld an, auf einem Sparbuch (Gott bewahre), auf einem Tagesgeldkonto oder dergleichen. Der Finanzprodukte gibt es viele, die hauptsächlich den Banken nützen, aber nicht Ihnen. Freilich nicht. Denn es sind ja *deren* 'Produkte', *die* machen die Regeln, also wem werden diese Regel wohl nützen... Ihnen...? Die sind nicht die Heilsarmee!

Und darauf setzen die Banken, ebenso wie der Staat. Denn beide wollen das Geld von Ihnen haben. Die Bank hat es schon. Der Staat holt es sich über die Inflation und die Steuern.

Das sind alles *deren* Ziele, die Ziele der Banken, die Ziele des Staates, die Ziele der Super-Reichen. Die geben Ihnen Geld nur dafür, damit Sie es gleich für etwas ausgeben, was schnell seinen Wert verliert. Konsum. Die haben dann das Geld wieder und Sie haben... nichts. Das sind *deren* Ziele, aber nicht *Ihre*. Aber die versuchen Ihnen einzureden, dass das gut für Sie ist, dass das das einzige ist, was Sie tun können. Freilich tun sie das. Denn es ist ihr Geschäft das zu tun.

Der Staat holt sich das Geld über einen anderen Mechanismus: er druckt sich einfach selbst welches. Das hat zur Folge, das alles Geld, was bereits da ist, weniger Wert wird. Die Zahl auf Ihrem Kontoauszug bleibt also zwar gleich, aber die Kaufkraft dieser Zahl schrumpft permanent, jedes Jahr um einige Prozent, wieviel genau, weiß keiner.

Aber nehmen wir an, man hat 100.000 Euro auf dem Konto

und nach einem Jahr mit moderat geschätzten 5% Inflation stehen da immer noch 100.000 Euro. Aber kaufen kann man damit 5% weniger Güter, also nur noch 95%, man hat in diesem Jahr also, unsichtbar und unmerklich 5.000 Euro verloren. Im nächsten Jahr genau dasselbe. Nehmen wir an die Inflation ist gestiegen, weil irgendwer bei der EZB Unmengen neuer Euros hat drucken lassen oder auch, weil die Zinsen für den Euro (der Preis des Geldes), noch weiter gesenkt wurden und Geld noch weniger wert wurde und wir haben 8% Inflation: dann sind unsere 100.000 Euro zwar immer noch (nominell, also 'dem Namen nach', aber eben nicht 'real') 100.000 Euro, aber inzwischen sind sie nur noch 95.000 an Kaufkraft wert, nunmehr nach neuerlichem Jahr noch 87.400 Euro. Das ist nun ein Verlust von 12.600 Euro in nur 2 Jahren.

Hätte man dieselben 12.600 Euro in ein Investment gesteckt, etwa eine Uhr, wäre dasselbe Geld nicht weg, sondern, bei einigermaßen geschickter Auswahl des Investments – und Handreichungen dazu geben wir hier – zwischen 10.000 Euro davon noch vorhanden (bei einer 'normalen' Uhr) bis hin zu 20.000 Euro, sollte man eine AP 'Royal Oak', eine Rolex 'GMT Batman' oder eine Rolex 'Daytona' dafür gekauft haben – in letzterem Fall beinahe egal welche.

Carpe Diem

Aber es spricht noch ein anderes Argument dafür, zu tun, statt zu verharren, zu agieren, statt abzuwarten, zu entscheiden, statt zu zögern:

Selbst ein schlechtes Investment ist häufig noch besser, als nichts zu tun. Denn man gewöhnt sich an das Nichtstun, an das passiv bleiben, an das sich-leben-lassen von Dritten, sich herumschieben und herumschupsen zu lassen und einfach zu tun, was andere mit Druck einem vorgeben.

Das ist nicht gesund. Wir sind Menschen, weil wir eigene Ziele und Wünsche haben und denen allein sollte unser Streben gelten. Allzu leicht lassen wir uns vor den Karren Anderer spannen, verfolgen dann – halb zog sie ihn, halb sank er hin – *deren* Ziele, statt unserer eigenen.

Letztlich weil es anstrengend ist und Kraft kostet, die eigenen

Ziele zu erkennen und auszuarbeiten und weil es so viel einfacher und bequemer ist diese Verantwortung für das eigene Wollen und Tun einfach abzugeben, nicht in Anspruch zu nehmen, nicht durchzusetzen, nicht dafür einzustehen.

Es ist es aber doppelt und dreifach wert, diese Anstrengung und Kraft aufzuwenden, denn die eigenen Ziele sind ungleich wertvoller, als die der Anderen...

Also gilt: wenn Sie Ihr Geld anlegen wollen, wenn Sie aktiv etwas tun wollen, damit Ihr Geld nicht über kurz oder lang jemand Anderem gehört, dann handeln sie, statt abzuwarten.

Außerdem: das Investment, das man nie tätigt ist auch das, das niemals Gewinne abwerfen wird, ob nun in Form einer Rendite, von Wertzuwachs, oder einfach nur Werterhalt. Denn auch der bloße 'Werterhalt' ist angesichts allgegenwärtiger Geldentwertung bereits eine Art Gewinn.

Und dieses Tun ist immer mit einem Risiko behaftet. Jedes Risiko kann schief gehen, das ist die Natur des Risikos. Aber auch nur dieser Weg, das Risiko einzugehen, kann zu einem Gewinn führen. Denn Gott hat nicht nur vor den Preis den Fleiß und den Schweiß gesetzt, sondern vor den Gewinn das Risiko.

Das Risiko zu scheuen und auf Sicherheit zu spielen ist der sicherste, der gerade Weg in den Verlust. Denn die Inflation kommt bestimmt, sie ist nämlich schon da.

Außerdem zitieren wir hier die alte Uhren-Regel, die im engeren Sinn eine Regel der Rolex-Welt ist: '*Buy* now or *Cry* later' ('kauf jetzt oder weine später'). Auf diesen Gedanken kommen wir später noch zurück.

Also: scheuen Sie nicht zurück, halten sie sich nicht an den scheinbaren Zahlen auf einem Stück Papier oder – schlimmer – auf einem Computerbildschirm fest, denn das ist flüchtiger, als es erscheint.

Handeln sie, tun Sie. Das Glück gehört den Tüchtigen.

Kapitel 2

Eine kurze Geschichte der mechanischen Uhr

Die ersten Armbanduhren waren Damenuhren. Denn im Gegensatz zu den Herren, hatten die Kleider der Damen in früheren Zeiten keine Taschen. Somit war die Armbanduhr, also die Uhr die man am Handgelenk trägt, zunächst eine Sache der Frauen. Die Herren trugen bis zum Beginn des 20. Jahrhunderts Taschenuhren.

Männersache

Dies bedeutet gleichzeitig, dass die Geschichte der modernen Armbanduhr erst mit dem 20. Jahrhundert beginnt. Und bis zum heutigen Tage ist die Armbanduhr erstaunlicherweise aber nun ein sehr männliches Accessoire geworden, nämlich das einzige Schmuckstück, das ein Mann tragen kann. Die Geschichte der Armbanduhr ist auf diese Weise tatsächlich nur etwas mehr als 100 Jahre alt und beginnt mit dem 20. Jahrhundert, wiewohl die Geschichte der tragbaren Uhr, der mobilen Uhr, viel weiter zurückreicht, nämlich bis ins 16. Jahrhundert in Nürnberg. In der Schweiz begannen die ältesten Uhrenhersteller, etwa Vacheron Constantin 1755 und Jaquet Droz 1750 mit dem Bau von Uhren.

Und von allem Anfang an entstand die Armbanduhr aus reiner Notwendigkeit: in Situationen, an Orten, wo eine Taschenuhr unpraktisch oder nicht zu benutzen war, gewann die Uhr, die mit nur einer einfachen Bewegung des Armes zum Gesicht hin zugänglich war, die man also am Handgelenk tragen konnte, Vorteile und Freunde.

Gelegenheiten dieser Art gab es durch die zunehmende Schnelllebigkeit und die Anforderungen des beginnenden 20. Jahrhunderts immer mehr.

Die erste Armbanduhr für Herren, in Auftrag gegeben vom Piloten der ersten Stunde, Alberto Santos-Dumont, der die Firma Cartier bat, ihm eine Uhr zu machen, die er im Cockpit eines Flugzeugs benutzen kann. Die Cartier 'Santos' benannt nach ihrem Auftraggeber, stammt aus diesen ersten Jahren.

Der bald darauf beginnende erste Weltkrieg förderte den Einsatz der Militäruhr. Auch im Feld konnte man nicht unpraktisch, eine Taschenuhr aus der Tasche fummeln und den Deckel aufklappen, um herauszufinden, ob die richtige Uhrzeit gekommen war für einen Einsatz, einen Angriff oder einen Artillerie-Beschuss.

So war die Armbanduhr für Herren von allem Anfang an immer eine Spezialuhr. Gemacht für Menschen, für die Zeit ein wichtiger Faktor bei der Erfüllung ihrer Aufgaben war. Und so waren es auch von allem Anfang an pragmatische Faktoren, wie eine gute Ablesbarkeit auch unter widrigem Bedingungen, einfache und schnelle Handhabbarkeit, Robustheit und Verlässlichkeit auch in Situationen, in denen nicht selten hoher psychischer Druck herrschte, etwa im Cockpit eines Flugzeugs oder auf einem Kriegsschauplatz von allem Anfang an Qualitäten der Herren-Armbanduhr und bis heute Gegenstand ihrer Formensprache und ihrer Vielfalt.

Und im Kern haben sich diese Qualitäten jener ersten Uhren bis heute bewahrt. Auch im Büro ist es sinnvoll, dass eine Uhr robust und stoßfest ist, dass sie verlässlich die Uhrzeit anzeigt und nicht leicht durch eindringenden Staub und Spritzwasser verschmutzt und stets leicht und schnell ablesbar ist. Es folgten die wasserdichten Uhren, die zugleich staubdicht sind, es folgten die Taucheruhren mit dem aufkommenden Zweiten Weltkrieg und dem Seekrieg und den neuen Atemgeräten unter Wasser. Taucheruhren, Militäruhren, Pilotenuhren.

Und mit ihnen kamen die Hersteller, die diese Märkte bedienten: Rolex, Blancpain und Omega die Taucheruhren bauten, Breitling, IWC, Laco, Lange und Söhne und viele mehr die Pilotenuhren machten, Panerai, Bell&Ross, Hamilton und Bremont die Militäruhren, Longines, Heuer, Chopard und Zenith die Rennfahreruhren, Ulysse Nardin die nautusichen Instrumente, und viele weitere mehr herstellten.

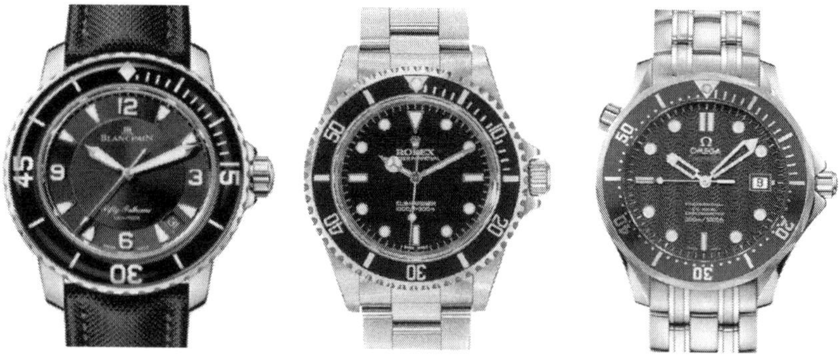

Abbildung 2.1: Klassische Taucheruhren: Blancpain 'Fifty Fathoms', Rolex 'Submariner', Omega 'Seamaster'

Einige Hersteller bedienen jedoch auch andere Märkte: etwa die drei Unantastbaren, die bis heute als die heiligen Kühe der Uhrenindustrie geltende 'Heilige Dreieinigkeit': Patek Philippe, Audemars-Piguet und Vacheron Constantin. Und dahinter die altehrwürdigen Technologie-Lieferanten, wie Breguet und Jaeger-LeCoultre. Alles Namen, die man sich unbedingt merken muss, wenn man sich in der Welt der Luxusuhren bewegen will.

Alle bedeutenden Uhren im neuen Jahrhundert waren solche Spezialuhren oder deren Abkömmlinge – und Kopien.

Und letztlich sind auch die Anzuguhren, die man in gepflegter und wenig stressieger Umgebung trägt auch eine Art von Spezialisierung, nämlich die Spezialisierung auf edle Anlässe. Letztendlich muss man die Uhrenwelt also umgekehrt sehen: es gibt nicht die normalen Uhren und die Spezialuhren, sondern jede Uhr ist im Grunde eine Spezialuhr, insbesondere und auch die Anzuguhr, nur ist ihre Spezialisierung nicht das Tauchen, nicht der Krieg, nicht das Cockpit, sondern der Salon und das Meeting Room.

Für den Investor liegt hierin ein erster wichtiger Hinweis darauf, welche Uhren sich besonders als Investmentobjekte eignen, resp. ihren Wert im Laufe der Jahre erhalten oder sogar steigern werden: es sind dies die Herrenuhren, also jene, die nicht älter sind als aus

Abbildung 2.2: Perfektion: Patek Philippe 'Calatrava' 5196R, Jaeger LeCoultre 'Master Control Moon', A. Lange '1815'

dem 20. Jahrhundert stammend. Damenuhren gibt es ebenfalls in vielen Ausführungen, genießen aber nicht die Ernsthaftigkeit und die Sammelleidenschaft und damit nicht den Markt und die Wertentwicklung, wie ihre männlichen Entsprechungen. Und die allermeisten Taschenuhren erreichen heute nicht den Sammlerwert und das Marktinteresse wie ihre am Handgelenk getragenen Nachkommen.

Standorte

Nun wurden freilich weltweit Uhren hergestellt. Bis zur Entwicklung der Quartz-Uhr Ende der 1960er Jahre war die Zeitmessung eine höchst komplizierte mechanische Kunst, die höchste Anforderungen an Präzision und Robustheit stellte.

Und nicht nur das: da es sehr schwierig war, mit kleinsten Bauteilen zu hantieren und Uhrwerke aus winzigen Schrauben, Zahnrädern und Edelsteinen als Lager zu fertigen, versuchten die Hersteller ihre Klasse dadurch unter Beweis zu stellen, dass sie immer kleinere und immer flachere Uhrwerke konstruierten und bauten.

Für solche Art der Mikro-Präzision, die eine ruhige Hand bei der Montage, aber auch endlose Geduld und Freude an der Perfektion erfordern, erwies sich die Schweiz schon sehr bald als Mekka. Andere mochten auch gute Uhren bauen, aber die Schweiz erarbeitete sich schon früh einen Ruf als Hersteller der besten, robustesten,

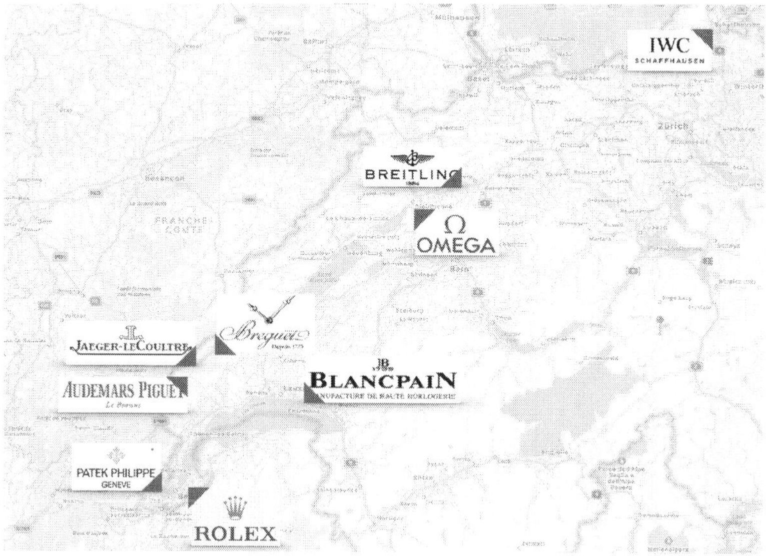

Abbildung 2.3: Standorte der Großen Schweizer Uhrenhersteller

meisterhaftesten Uhren weltweit. Und freilich versuchten die Top-Player sich gegenseitig in allen Belangen zu überbieten.

Denn einige dieser Hersteller, etwa die oben genannte 'Heilige Dreieinigkeit' aus PP, AP und VC, aber auch andere, wie Breguet und Piaget, bedienten ein schmales aber feines Marktsegment, die Luxusuhren. Eine solche Luxusuhr war selbstredend nicht aus einfachen Materialien, wie Stahl gefertigt, wie das die Spezialuhren freilich waren, sondern aus Gold. Alle Oberflächen dieser Uhren, auch insbesondere das Uhrwerk, war auf höchstem mikromechanischen Niveau bearbeitet und veredelt. Hier galt, anders als bei den Spezialuhren nicht nur die technische Notwendigkeit als Leitlinie, sondern Schönheit, Zierde und Meisterschaft als Maßgaben für ein gutes Produkt.

So gab es von den 1930er Jahren an einen Trend zu immer kleineren und flacheren Uhren. Kleine Uhren waren modern, elegant, dezent, unauffällig, je flacher, je zurückhaltender umso besser. Bezeichnungen, wie 'Master Control Ultra Flach', und 'Royal Oak Jumbo Extra Flach' und auch die moderne 'Okto finissimo' stammen aus dieser Bewegung.

Daher sind alle Uhren bis zum Beginn der 1970er Jahre für heutige Begriffe eher klein (also etwa 36 mm Durchmesser bei den *großen* Herrenuhren, wenn nicht gar winzig (unter 34 mm). Einzig die dedizierten Spezialuhren, allen voran die Taucheruhren und Pilotenuhren haben mit dem Ziel guter Ablesbarkeit weiterhin größen bis zu 40 mm Durchmesser und darüber erreicht. Und so sollten sie zum Trendsetter nach der Zeitenwende der 1970er Jahre werden. Und sie sind es auch, die bis heute aufgrund ihrer ungebrochenen Tragbarkeit den Kern des sogenannten 'Vintage' Marktes, also des Sammlermarktes über 50 Jahre alter Uhren.

Für den Investor ist hier wichtig: bis auf wenige Ausnahmen ist eine Wertbeständige Luxusuhr immer eine mechanische Schweizer Uhr. Idealerweise in Abmessungen, die auch heute noch attraktiv sind, also von 40 mm Gehäusedurchmesser und mehr.

Spezialisierung und Perfektionierung

Viele Erfindungen perfektionierten die Armbanduhr. Angefangen mit der Krone zum Stellen und aufziehen des Uhrwerks durch Patek Philippe Mitte des 19. Jahrhunderts, über das wasserdichte Gehäuse, war und ist insbesondere das Automatik-Werk, in den Markt gebracht von Rolex, ein enormer Schritt für die Uhrenwelt: eine Uhr, die sich durch die Bewegung ihres Trägers selbst aufzieht. Das Automatikwerk ermöglichte nicht nur das Tragen einer Uhr über Monate und Jahre, ohne sie aufziehen zu müssen. Sie blieb nie mehr unerwartet stehen, die Krone musste nicht täglich geöffnet werden, was die Wasser- und Staubdichtigkeit permanent gefährdete, die Uhr wurde zum unauffälligen, sich selbst genügenden Begleiter, der keinerlei Betreuung mehr benötigte.

Außerdem kamen vermehrt sogenannte 'Komplikationen', also Zusatzfunktionen hinzu. Die Anzeige einer laufenden Sekunde neben Minuten und Stunden ist die einfachste aller Komplikationen. Aber auch eine Datumsanzeige kam hinzu, in extremen Fällen mit Wochentag. Zum genauen messen kurzer Zeitabschnitte erfand man die Chronographen-Komplikation (eine Stoppuhr), alsbald erweitert um eine schnelle Reset-Funktion ohne Neustart (Flyback) und schließlich kombiniert mit dem Automatischen Aufzug durch die El Primero ('die erste') von Zenith. Breitling erfand das

Chronographen-Layout mit zwei Drückern, was heute Standard ist. Uhren mit verstellbaren Zeitzonen (GMT-Komplikation) wurden in den 1950ern in denen weite, Zeitzonen überfliegende Reisen immer häufiger wurden auf den Markt gebracht.

Und viele Spielereien kamen hinzu: Weltzeituhren, Unendliche Kalender, Mondphasenanzeigen, Minuten-Repetition mit einem kleinen Gongschlag und viele andere, wenig sinnvolle, aber Meisterschaft erfordernde Funktionen wurden erdacht und gebaut.

Für den Investor ist zu beachten: der Werterhalt einer Uhr bemisst sich ebenso wenig in ihren Materialen aus Gold und Platin, wie in der Komplexität ihrer Funktionen. Auch wenn eine Patek Grand Complication sicherlich ein Gipfel der Uhrmacherkunst ist, so ist sie doch aufgrund ihres Preisgefüges von über 100.000 Dollar und der entsprechenden Nachfrage nicht die erste Uhr, an die man für die Geldanlage denkt.

Zeitenwende

Die Erfindung der Quartz-Uhr änderte alles. Und führte insbesondere erst zur Schweizer Luxusuhr, wie wir sie heute kennen.

Patek Philippe hatte in den 1960er Jahren erstmalig eine tragbare und benutzbare Quarzuhr gebaut. Aber man verkaufte die Rechte für diese Technologie an Seiko in Japan... von wo aus der Uhrenmarkt dann komplett verändert und der Markt der mechanischen Schweizer Uhren beinahe komplett vernichtet würde. Die mechanische Uhr war plötzlich nur noch ein Dinosaurier. Träge, kompliziert, unzuverlässig, altmodisch, komplett obsolet.

Alle Regeln änderten sich nun. Aufgrund der hohen Integration durch Mikroelektronik konnten Quarzuhren ohne Schwierigkeiten sehr klein und sehr flach gebaut werden, viel kleiner und flacher als je ein mechanisches Uhrwerk sein konnte. Quarzuhren konnten zu billigen und später billigsten Preisen hergestellt und angeboten und in Massen auf den Markt geworfen werden, viel billiger, als je eine mechanische Uhr denkbar war. Selbst die heute billigsten guten mechanischen Uhren von Seiko der Reihe 'Seiko 5' kosten um die 150 Euro, billigste Quarzuhren kosten unter 10 Euro. Und zu allem Überfluss waren Quarzuhren viel genauer, als mechanische Uhrwerke, viel viel genauer, unerreichbar viel genauer. Sie gingen um 1-2 Sekunden falsch, aber nicht wie mechanische Werke pro Tag, sondern pro Jahr. Zudem mussten sie nie aufgezogen werden, sie liefen mit Batterien Monate und mit technischer Weiterentwicklung über Jahre, Solarbetriebene Modelle sogar Jahrzehnte.

Die neuen Regeln, die durch die Ankunft der Quarzuhr gesetzt wurden, waren also:

1. Klein und flach zu bauen ist einfach zu erreichen
2. Niedrige Preise sind einfach zu erreichen
3. Massenfertigung ist einfach zu erreichen
4. Genauigkeit ist einfach zu erreichen
5. Endlose Laufzeiten sind einfach zu erreichen

Alles wofür die mechanische Uhrenindustrie seit Jahrhunderten gekämpft, geackert und getüftelt hatte, war von heute auf morgen mit einem Fingerschnippen mit der Quarzuhr realisiert und übererfüllt.

Das ganze war ein Desaster. Daher ist die gesamte Uhrenindustrie und insbesondere die Luxusuhren in diese beiden Phasen gespalten: vor und nach 1970. Denn damals änderte sich alles.

Der Retter der Schweizer Uhrenindustrie war Audemars-Piguet. AP, Mitglied der 'Heiligen Dreifaltigkeit', gab das neue Glaubensbekenntnis der Uhrenhersteller vor: eine mechanische Schweizer Uhr ist immer eine Luxusuhr und entsprechend bepreist. Eine mechanische Schweizer Uhr kann auch aus Stahl sein und ist doch eine Luxusuhr. Sie ist groß, auffällig und dominant, so wie ihre Besitzer. Eine Schweizer Luxusuhr stellt den Gipfel mechanisch erreichbarer Präzision und handwerklicher Kunstfertigkeit dar und ist entsprechend bepreist. Eine Schweizer Luxusuhr will nicht billig sein, oder effizient oder für jedermann, sondern will teuer sein, will exklusiv sein und will ein Luxusgut sein. Und zwar jede Schweizer Uhr. Eine Quarzuhr kann niemals eine Luxusuhr sein, nur eine mechanische Schweizer Uhr ist ein kleines Kunstwerk am Arm.

Man konnte gegen Quarz nicht gewinnen. Alles was man tun konnte, war das Spielfeld wechseln und sich in einen Markt zurückziehen, den die Quarzuhren nicht erreichen konnten und nicht erreichen wollten: den extrem teuerer, höchster Kunstfertigkeit, Perfektion und Meisterschaft. Das Luxussegment oberhalb von 5.000 Euro pro Uhr.

Die neuen Regeln der Schweizer Uhrenindustrie waren entsprechend:

1. Klein und flach zu bauen ist kein Ziel mehr, eine Luxusuhr ist groß und laut und dominant

2. Niedrige Preise sind kein Ziel mehr, eine Luxusuhr ist teuer, extrem teuer

3. Massenfertigung ist kein Ziel, sondern Seltenheit und Exklusivität

4. Genauigkeit ist kein primäres Ziel mehr, nur noch im Rahmen der Erreichbarkeit mit mechanischen Werken

5. Endlose Laufzeiten sind kein Ziel, werden durch Automatikwerke mit hohen Gangreserven aber ohnehin erreicht

Abbildung 2.4: Retter in der Not: Audemars Piguet 'Royal Oak'

Und man brachte die neu designte 'Royal Oak' auf den Markt, die diese neuen Glaubenssätze in sich vereinte. Eine unerhört teuere Stahl-Sportuhr, groß und für damalige Verhältnisse regelrecht klobig, provokant, auffällig und technisch wie handwerklich perfekt. Entworfen vom seither legendären Uhren-Designer Gerald Genta, der in der Folge weitere Ikonen dieser Zeit zeichnete, etwa die Patek Philippe 'Nautilus' und die Vacheron Constantin 'Overseas'. Und alle anderen Hersteller folgten diesem neuen Trend, so gut sie konnten.

Denn man muss sich klarmachen: vor der sogenannten Quarz-Krise waren Hersteller wie Omega und Breitling, Rolex, IWC und Longines, Heuer und Ulysse Nardin, Chopard, Girard Perregaux, Eterna und Oris alle nur Hersteller von guten Schweizer Uhren, Spezialuhren, Uhren für eine teils rabiate Anwendung, aber nicht von Luxusuhren. Eine Rolex Daytona konnte man damals für um die 200 Dollar kaufen, was kaum 2.000 Euro in heutiger Währung entspricht. Heute kostet das Nachfolgemodell über 12.000 Euro, das ist mehr als das 5-fache – allerdings liegt der Marktpreis heute (im Sommer 2019) noch einmal beim Doppelten: bei 24.000 Euro, aber das ist ebenso ein Sonderfall wie ein Leuchtfeuer für alle anderen Hersteller, die diesen Status ebenso erreichen wollen.

All diese Firmen waren hochangesehene Hersteller von am Handgelenk tragbaren Präzisionszeitmessern, Qualität zu einem akzeptablen Preis.

Aber nun nicht mehr. Die neue Regel war: entweder man war Hersteller von Luxusuhren oder man würde untergehen.

Und viele Hersteller gingen auch unter. Heuer und Longines, Vacheron-Constantin und Breguet, Omega und viele andere überlebten nur indem sie

1. sich von einem Luxus-Konzern aufkaufen liesen
2. sie ihre technologische Eigenständigkeit zu großen Teilen aufgaben und nicht mehr eigene Kreationen, sondern Standard-Uhrwerke von ETA verbauten.

Für den Investor relevant ist: alle Uhren dieser Hersteller dieser Ära vor der Quarz-Krise, so sehr sie heute als Liebhaberstücke gesammelt, gesucht und zu teils höchst irrationalen Höchstpreisen von 10.000, 50.000 und 100.000 Dollar ge- und verkauft werden, sind lediglich einfache Uhren aus Stahl, hergestellt nach den Regeln des Massenmarktes, nicht denen des Luxussegments. Robuste, langlebige, gute, genaue Uhren. Aber nicht mehr als das.

Aber diese Kunst eine gute preiswerte Uhr zu bauen, war durch die Quarzuhr komplett obsolet geworden.

Die Neuen Eigentümer

Das ganze hatte natürlich enorme wirtschaftliche Folgen. Viele Uhrmacher höchsten Renommees mussten sich in die Abhängigkeit von Konzernen begeben, was letztlich immer bedeutet, dass ihre Eigenständigkeit verwässert wird, ihre Produktpolitik anderen Herren als ihrer eigenen Kreativität und Genie gehorchen muss, sie unter Umständen sogar Bauteile, allen voran Uhrwerke, aus dem Angebot des Konzerns verwenden müssen.

All das wirkt sich freilich nicht nur auf das Ansehen der betreffenden Uhrenhersteller aus, sondern auch auf deren Preisstabilität, die entscheidend von diesem so flüchtigen Gut wie dem 'Ansehen' abhängig ist.

Hier nun einige Abbildungen, die die Uhrenhersteller und ihre neuen Herren zeigen. Die Szenarien sind vielfältig. Sicherlich unterscheiden sich Einflussnahme, Gewinnstreben und andere Konzerninterna stark voneinander. Wir können hier von Außen sicherlich kein Urteil fällen und bevor man zu kritisch wird, sollte man auf der anderen Seite erkennen, dass all diese meisterhaften Uhrenhersteller und ihre wunderbaren Produkte nicht mehr existieren würden, wäre ihnen nicht nicht durch die Finanzierung der Konzerne über die schwere Zeit hinweggeholfen worden.

Doch klar die Stars des neuen Zeitalters sind die Uhrenhersteller, die weiterhin eigenständig und manchmal sogar noch in Familienhand sind. Dies suggeriert völlige kreative Eigenständigkeit und lässt auf eine rein auf Qualität und Kundennutzen fokussierte Produktpolitik hoffen. Dass dem freilich nicht immer so ist, sollte uns auch bewusst sein. Denn Eigenständigkeit mag auch immer finanzielle Engpässe bedeuten, die ihrerseits ihre Zwänge auf die Produkte und die Qualität ausüben.

Die Swiss-Watch-Group kurz 'Swatch', hat mit ihrer ganz eigenen Produktidee, der preisgünstigen, automatisiert gefertigten Schweizer Uhr in den 1980er Jahren so viel Furore gemacht, dass

Abbildung 2.5: Die eigentändig gebliebenen (im Uhrzeigersinn): Rolex, Breitling, Audemars-Piguet, Chopard, Patek-Philippe

man es sich leisten konnte, einige Branchengrößen aufzukaufen und so vor dem Ruin zu retten.

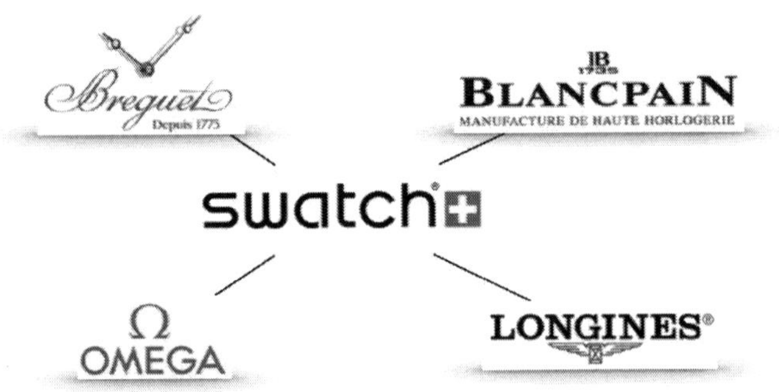

Abbildung 2.6: Swatch Group Highlights: Breguet, Blancpain, Longines, Omega

Sich mit Top-Herstellern regelrecht eingedeckt hat sich der Richemont-Konzern. Hier finden wir klangvolle Namen, bei denen wir gar nicht erwarten würden, dass sie nicht eigenständig und in Familienhand wären.

Hier finden wir freilich auch die Ursache, weshalb Vacheron Constantin zunehmend im Ansehen hinter Patek-Philippe und Audemars-Piguet zurückfällt und mehr und mehr zum ungeliebten Dritten Rad am Wagen der 'Heiligen Dreieinigkeit' wird: die

Abbildung 2.7: Ricemont Highlights: A. Lange, Vacheron Constantin, Officine Panerai, IWC, Baume&Mercier, Cartier, Piaget, Jaeger-LeCoultre

Zugehörigkeit zu einem Konzern mag Vorteile bergen, aber für das Ansehen eines Uhrenherstellers vom Range eines Mitglieds der 'Heiligen Dreieinigkeit' ist es definitiv ein Problem. Dadurch wird er im Ansehen gemein gemacht mit Herstellern, mit denen er nichts gemein haben will, wie Carier, IWC und Panerai.

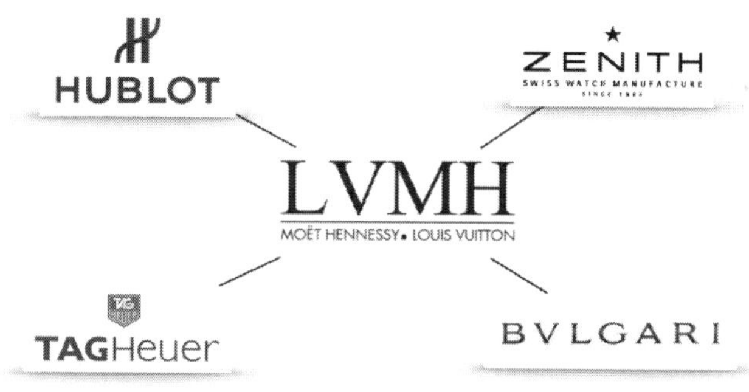

Abbildung 2.8: LVMH Highlights: A. Lange, Vacheron Constantin, Officine Panerai, IWC, Baume&Mercier, Cartier, Piaget, Jaeger-LeCoultre

Und im Kürzel LVMH gut verborgen finden wir hier als neuen Herrn auch von TAG Heuer und Zenith die französische Nobelmarke

Luis Vouitton.

Allerdings ist die Branche sich wohl einhellig darüber einig, dass man TAG Heuer in Qualität, Anspruch und auch Genialität der Produkte nicht mit der alten inhabergeführten Firma Heuer verwechseln darf. Hier haben wir ähnlich wie bei Longines doch sehr ein Konzernprodukt vor uns und dazu noch von mäßiger Qualität und Ausführung, das klar auf den Einsteiger- und Sub-Luxusmarkt zielt. Auch wenn die Marke TAG Heuer ebenso wie Longines durch Teilnahme an Sportveranstaltungen jedem ein Begriff ist, sind diese Namen nur noch alte große Namen, die heute Substanz vermissten lassen.

Auch wenn Hublot freilich das Enfant Terrible der Uhrenbranche ist, mit seinem aggressiven Marketing, seinen auffälligen Designs und seiner fantasievollen Preispolitik, so muss man diesem Unternehmen, das von Branchengröße Jean Claude Bivier in den 2000er Jahren förmlich vor dem Untergang gerettet worden war auch zugestehen, dass man sich durchaus zu einer festen Größe in der Uhrenwelt gemausert hat.

Hier offenbart sich klar eine Konzern-Strategie. TAG Heuer für den Einsteigermarkt, Zenith für den Luxusmarkt und Hublot als Millionärs-Spielzeug. Hier werden Marken etabliert, mit Uhrmacherkunst hat das nur noch in zweiter Linie zu tun.

Abbildung 2.9: Kering Highlights: Ulysse-Nardin, Girard Perregaux

Die beiden altehrwürdigen Vertreter der Schweizer Uhrenindustrie, Ulysse-Nardin mit ihren extrem ausgefallenen Designs und Girard-Perregaux mit ihrer ungeliebten Bindung zu Deutschland finden sich im Portfolio von Kering.

Das neue Goldene Zeitalter

Doch der Coup gelang. Nachdem die 1970er und 1980er Zeiten des Niedergangs waren, der Umstrukturierungen und des Suchens neuer Wege, etwa mit den Uhren von Swatch, begann in den 1990ern der Wiederaufstieg der Schweizer Uhrenindustrie zu neuen Höhen.

Der Markt nahm die Idee der mechanischen Schweizer Uhr als Luxusprodukt zunehmend an. Bald war die Zeit vergessen, in der eine Rolex Submariner eine verzichtbare Taucheruhr für einige hundert Dollar war und 'Rolex' wurde zum Inbegriff der Luxusuhr, der Uhr für Neureiche und laute Zeitgenossen, Rockstars, Fußballgötter und Schauspieler.

Die Wenigen, die es irgendwie geschafft hatten, die Katastrophe zu überleben und eigenständig und unabhängig zu bleiben, wie Rolex und Breitling, Patek und AP, stiegen zu den neuen Kernmarken des Luxus- und Super-Luxus Uhrenmarktes auf.

Und zunehmend entsann man sich dann auch wieder der alten Größe. Alte Marken, auch solche, die nie von größerer Bedeutung gewesen waren, wie Panerai wurden wiederbelebt und in die Schweiz umgesiedelt und von dort durch geschicktes Marketing zu neuen Stil-Ikonen aufgebaut. Marken wie TAG-Heuer und Longines wurden mit Marketing-Geschick und Präsenz im Sport-Zirkus wieder bekannt und alsbald auch mit so viel Kapital versehen, dass man sich von den ETA-Standard-Uhrwerken zu verabschieden begann und wieder eigene Werke ersann und bauen wollte.

Nach dem Vorbild von Rolex, Patek, AP, Jaeger-LeCoultre und Breguet brachten nun immer mehr Marken wieder ihre eigenen Werke auf den Markt und bewarben sie mit dem Schlagwort der Uhrenindustrie schlechthin: dem Ihhaus-Werk. Selbst konstruiert, selbst gefertigt, volle Kontrolle über Qualität und Haltbarkeit versprach das Inhaus-Werk. Was freilich Augenwischerei ist.

Neue Marken wie Hublot, Richard Mille, Frank Muller, Nomos, Panerai und andere setzten neue Trends und die meisten davon gingen zu noch größeren Uhren.

Selbst Rolex, bekannt dafür, auf jeder Hochzeit zu spät zu sein und doch aus dieser Position ganz hinten den Markt zu bestimmen, kamen mit einer Taucheruhr mit großen 44 mm Durchmesser bei 18 mm Dicke (das sind beinahe 2 cm) auf den Markt, der Sea-

Abbildung 2.10: Trend: Große Uhren, Audemars Piguet, Panerai, Hublot

Dweller 'Deep Sea'. Und Rolex setzte mit der Deep Sea einen technologischen Rekord, einer Uhr, die auch in 4000 m Tiefe unter der Wasseroberfläche noch funktionieren konnte. Man hatte also beschlossen so zu tun, als lebe man in einer mechanischen Steam-Punk Gegenwelt und ignorierte andere Technologien einfach, als wären sie gar nicht da.

Kontrolle des Marktes

Dabei sollte man nicht außer Acht lassen, dass viele Markt-Trends, die scheinbar von den Kunden gewollt sind, in Wahrheit von den mächtigen Herstellern initiiert, propagiert und vorangetrieben werden. Denn viele Design-Trends der letzten Jahrzehnte nutzen vor allem den Uhrenherstellern bei der Optimierung ihres Portfolios.

1. Größere Uhren von 44 mm bis über 47 mm

2. Uhren aus geringwertigen Materialien, wie Stahl und sogar Faserverstärktem Kunststoff

3. eine Verschiebung des Wertes vom realen Bereich (Edelmetalle) in den ideellen Bereich (Kunstwerk)

Größere Uhren ermöglichen größere und dickere und vor allem damit leichter zu fertigende, robustere, weil weniger filigrane und damit preisgünstiger zu fertigende Uhrwerke. Traditionell waren die

Fliegeruhren hier Vorreiter, weil sie in der Regel *über* der Flieger-Lederjacke getragen wurden. Etwa die IWC Große Fliegeruhr mit 46 mm oder auch die Breitling Navitimer und Breitling Chronomat waren von Anfang an mit 44 und 46 mm an der Obergrenze angesiedelt.

Anfang der 1990er Jahre war es abermals AP, die mit der 'Royal Oak Offshore' eine übergroße Sportuhr auf den Markt brachten, die mit 44 mm aber so dominant am Handgelenk sitzt, dass man sie ehr trägt wie eine 46 mm Uhr.

Die Wiederbelebung des Panerai-Mythos Anfang der 1990er Jahre führte zu Taucheruhren der Reihen Panerai Luminor und Panerai Radiomir mit 44 mm und später 48 mm Durchmesser.

Auf diesen Trend, in Nachahmung der Royal Oak Offshore, setzte die relativ junge Marke Hublot mit dem Model 'Big Bang' in den frühen 2000er Jahren. Und gewann. Die Big Bang wurde ebenfalls eine Ikone dieser Zeit.

Aber es gab auch Hindernisse. Große Uhren aus Stahl sind so ein Problem. Sie sind so schwer, dass es unbequem wird, sie zu tragen.

Abbildung 2.11: Trend: Leichtere Materialien, Titan, Keramik, Kunststoff

Also entstand parallel zum Trend zu immer größeren Uhren ein Trend zu leichteren Gehäuse-Materialien.

Bereits die Luxus-Sport-Uhr aus Stahl war ja in den 1970ern ein Sakrileg gewesen. Doch freilich fertigt die Uhrenindustrie lieber Uhren aus Stahl, die man für einen Preis von rund 10.000 Euro verkaufen kann, als solche mit einem Teil aus Gold, die man für

12.000 Euro verkaufen kann. Stahl als preisgünstiger und durchaus sehr angemessener Werkstoff für ein Uhrengehäuse ist vor allem aufgrund seines niedrigen Preises für die Uhrenhersteller interessant, sobald sie für diese Uhr beinahe dieselben Preise erzielen, als für eine mit deutlich teuereren Grundmaterialien wie Gold oder – bewahre – Platin.

Denn Stahl ist perfekt bearbeitbar, haltbar, relativ kratzfest, korrosionsbeständig – und billig. Was will man mehr?

Für leichtere Gehäuse kamen Materialien wie Titan, Keramik oder Kunststoff in Frage, aber alle haben auch ihre Nachteile. Titan ist relativ teuer und schwer zu bearbeiten. Keramik ist enorm hart aber bruchempfindlich. Kunststoff ist der Inbegriff von 'billig' und würde an einer Luxusuhr nur unter Vorbehalten Akzeptanz finden. Also musste man diverse neue Namen erfinden, wie 'Carbotec' oder 'PMG-Tech' um diese Materialien zu etwas besonderem zu machen, was einer Luxusuhr für über 10.000 Euro würdig ist.

Abbildung 2.12: Kautschuk-Band: 'Royal Oak Offshore Diver', 'Big Bang', 'Yachtmaster Rosegold'

Immerhin gelang es mit der 'Big Bang' und später mit der 'Royal Oak Offshore Diver' Kautschuk als Material für Taucheruhren am Markt zu etablieren, ein Trend, den selbst Rolex (wie immer spät) mit dem Oysterflex-Band und der Yachtmaster aufgriff.

Der Investor kann hier mitnehmen, dass Stahl das von den Herstellern gewollte und von den Käufern akzeptierte Material der Wahl ist. Alles andere ist exotisch. Die meisten heute am stärksten nachgefragten und damit wertbeständigsten Schweizer

Luxusuhren sind Stahl-Uhren. Obszöhnerweise wird für Uhren aus diesem preisgünstigen, nachrangigen Material teils nahezu ebenso viel bezahlt wie für ihre Edelmetall-Pendants. Spötter in der Uhrenwelt sprechen bei den Vintage Uhren liebevoll von Altmetall. Hier liegt der Wert aber rein im Ideellen Bereich, dessen muss man sich bewusst sein.

Die Hersteller bekommen, was sie wollen

Da diese Trends aber von den Herstellern gewünscht sind, bedeutet das natürlich gleichzeitig, dass diese Trends sich so schnell nicht ändern werden. Die Nachfrage nach großen und übergroßen Sport-Modellen aus Stahl wird hoch bleiben, ebenso die Nachfrage nach übergroßen Sportuhren generell.

Möglicherweise erwarten uns einige Variationen in Richtung Stahl/Gold Bi-Colorvarianten, da man Mode, Design und Optik hie und da etwas variieren muss, um interessant zu bleiben. Aber natürlich nicht zu sehr, wie Rolex mit seiner Produktpolitik von wenigen Modellen mit über Jahrzehnten unveränderter Optik vorexerziert. Dieselbe Uhr über 50 Jahre beinahe unverändert zu bauen ist der goldene Königsweg zur Ikone. Ein Bonmot sagt: der Papst wechselt häufiger als Rolex neue Modelle vorstellt.

Ein weiterer Trend wurde dann in 2017 erneut von AP losgetreten: AP hat alle Verträge mit Distributoren, den Konzessionären gekündigt. In der Folge will AP Uhren komplett nur noch über eigene Boutiquen vertreiben.

Den zusätzlichen Kosten für ein solches Distributionsnetz, stehen circa 20-30% höhere Gewinne (die Margen der bisherigen Distributoren) gegenüber. Außerdem gewinnt man die volle Kontrolle über die Verkäufe der Uhren, wann, welche Uhr an wen herausgegeben wird.

Ein weiterer Trend dieser Zeit ist entsprechend die weitere Verknappung des Angebots, der eine starke Zunahme der Nachfrage gegenübersteht, was die Preise für Neuware, ebenso wie für gebrauchte Uhren in enorme Höhen treibt. Und um eine zusätzliche Verknappung und Steigerung der Exklusivität zu erreichen, ist die Kontrolle über die Verkäufe unerlässlich.

Derzeit noch bewirkt das knappe Angebot von Rolex, verglichen mit der enormen Nachfrage, dass die Marktpreise für die praktisch nicht verfügbaren Rolex Stahl Sport Modelle Submariner, Sea-Dweller, GMT und Daytona teilweise beim Doppelten des Listenpreises liegen. Ebenso selbst die Preise für gebrauchte Uhren in Top Zustand.

Dieselbe Verknappung des Angebots hat die AP Royal Oak 15202st auf momentan ebenso beinahe das Doppelte des Listenpreises katapultiert. Wir sprechen von einem Kaufpreis von derzeit über 35.000 €, für eine Uhr, die Listenpreis bei bereits durchaus beschaulichen 20.000 € liegt.

All diese Entwicklungen werden sich fortsetzen, weil sie im Interesse der Hersteller sind. Die werden sie durch ihre Produktpolitik und Preispolitik weiter vorantreiben.

Große, teure Stahl-Sportmodelle, Verknappung des Angebots und damit durch eine enorme Nachfrage, nicht zuletzt durch Investoren, ein Anstieg der Preise auf heute astronomisch erscheinende Niveaus. Steigerung der Exklusivität, durch kontrollierte Distribution über Boutiquen und damit auch Kontrolle über den Verkaufspreis und eventuell gewährte Preisnachlässe. Die Hersteller werden alles daran setzen, mit weniger mehr zu verdienen.

Und diese Entwicklung ist letztlich auch für die Investoren von Vorteil. Sie treibt die Preise nach oben und stabilisiert damit den Werterhalt, resp. intensiviert den Wertzuwachs einiger besonders gefragter Modelle.

Kapitel 3

Natur und Vorteil des Luxusgutes

Ganz generell sprechen wir hier von Luxusgütern. Und für die Frage des Investments ist wichtig zu erkennen, dass für Luxusgüter ganz andere Gesetze gelten als für Konsumgüter. Konsumgüter sind Massenprodukte, die also in enormen Mengen verfügbar sind und billigst mit Maschinen hergestellt sind, sodass ihrer schieren Masse kaum dauerhafte Haltbarkeit und Qualität gegenübersteht. Daher verfällt ihr Preis praktisch instantan mit dem Kaufvorgang.

Freilich gebührt dem Konsumgut die Ehre, viele Güter überhaupt erst für eine breite Masse zu erschwinglichen Preisen verfügbar zu machen. Aber zu welchem Preis! Eine alte Regel besagt: »Wer billig kauft, kauft zweimal.« Dies gilt vor allem für Konsumgüter.

Nun unterscheiden sich Luxusgüter der landläufigen Meinung nach von Konsumgütern lediglich durch ihren exorbitanten und ungerechtfertigt hohen Preis. Aber das ist nicht korrekt. Man sollte nicht annehmen, dass reiche Menschen Dinge kaufen, deren Erwerb dumm ist. Das Gegenteil ist der Fall, denn deshalb sind sie überhaupt reich. Es ist also eine bessere Sichtweise, von ihnen lernen zu wollen.

Dem höheren Preis des Luxusgutes steht auch eine ganz andere Art von Langfristigkeit und Haltbarkeit gegenüber. Reiche Menschen kaufen keine Luxusgüter (oder wenigstens einige nicht), weil sie es sich leisten können und gerne Geld verprassen (wenigstens einige nicht), sondern weil Luxusgüter einen werterhaltenden Effekt haben, den Konsumgüter nicht haben. Luxusgüter machen sie dauerhaft reich, erhalten ihren Reichtum. Luxusgüter (wenigstens einige) sind gute Investitionen in die Zukunft.

Luxusgüter sind anders. Sie sind rar und gefragt, denn sie sind mit hoher handwerklicher Kunst gefertigt und extrem haltbar, idealerweise über mehrere Generationen. Daher bleibt ihr Wert erhalten und, so sie sich zu gesuchten Sammlerstücken entwickeln, steigt er sogar.

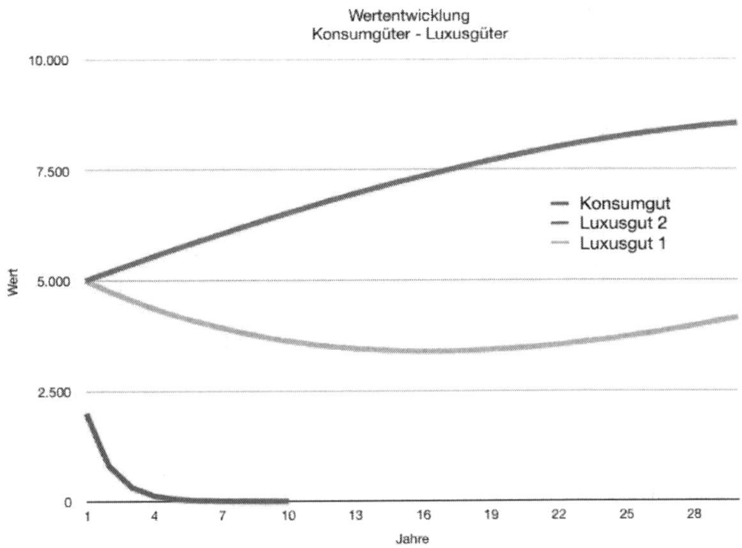

Abbildung 3.1: Typische Wertentwicklung Konsumgüter - Luxusgüter

Die Abbildung zeigt die Wertentwicklung dreier Güter: eines Konsumgutes (rot), eines Luxusgutes 1 (gelb) mit einer typischen Wertentwicklung, sowie ein Luxusgut 2 (grün) mit einer sehr guten Wertentwicklung über einen Zeitraum von 30 Jahren.

Zeitraum und Wertentwicklung sind freilich generisch, also exemplarisch. Hier gilt es das Prinzip zu erkennen, nicht einen konkreten Wertverlauf für konkrete Produkte zu diskutieren.

Während also das Konsumgut seinen Wert innerhalb kurzer

Zeit komplett einbüßt und der Wert des Gutes auf Null sinkt, in unserem Beispiel während der ersten 5 Jahre seiner Existenz, und das zudem sehr rapide, erhält das Luxusgut in etwa seinen Wert.

Das 'normale' Luxusgut ('Luxusgut 1' genannt) verliert zunächst leicht an wert, bis es, nach in unserem Beispiel ca. 16 Jahren durch Seltenheit und Nachfrage im Wert wieder leicht steigt. Im Endeffekt haben wir hier den Werterhaltenden Aspekt des Luxusgutes vor uns. Auch wenn in Summe auch das Luxusgut etwas an Wert verliert, sinkt der Wert des Gutes, für das wir anfänglich 5.000 Euro bezahlt haben, nie unter 3.300 Euro, wir erhalten also stets 66% des Wertes. Nach den hier im Beispiel gewählten 30 Jahren, eine durchaus typische Haltedauer für Luxusgüter, ist Luxusgut 1 noch immer 4.143 Euro, damit satte 83% seines Kaufpreises wert. Ein Wertverlust, der über diesen langen Zeitraum getrost mit praktisch Null beziffert werden kann.

Im Gegensatz dazu haben wir für das Konsumgut zwar nur 2.000 Euro bezahlt, diese sind aber bereits nach 5 Jahren komplett verschwunden, haben sich in Luft aufgelöst. Nach spätestens 10 Jahren landet das Konsumgut aufgrund von Null Wert und Null Gebrauchsnutzen auf dem Müll.

Sollten wir den Nutzen des Gutes jedoch im Alltag benötigen oder wünschen, so müssen wir innerhalb der 30 Jahre dieses sich verschleißende, billige Konsumgut 3 mal kaufen, selbst wenn wir annehmen, dass der Preis in etwa gleich bleibt, zahlen wir nicht nur 3x dieselben 2.000 Euro und damit mit 6.000 Euro mehr, als für das Luxusgut, schlimmer noch, selbst diese 6.000 Euro sind nach den 30 Jahren auch komplett verschwunden. Wir besitzen sie nicht mehr. Sie sind weg. Hier ist der Werterhalt tatsächlich Null.

Das typische Luxusgut 1 hat selbst nach 15 Jahren noch ca. 60% seines ursprünglichen Wertes und durch Seltenheit und Nachfrage kann dieser Wert sogar wieder steigen, sodass nach einigen Jahren die ursprünglichen 5.000 Euro nahezu wieder erreicht werden.

Luxusgüter können aber auch so exklusiv und so gesucht sein, oder der Einstiegszeitpunkt ist so geschickt gewählt, dass sie ihren Wert während ihrer ganzen Existenz oder wenigstens unserer Haltezeit sogar erhöhen. Dies ist der Aspekt des Wertzuwachses. Erreichen lässt sich dies, wenn z.B. das 'Luxusgut 1' im Alter von 15 Jahren gebraucht erworben wird. Ein Grund, weshalb der Markt

Abbildung 3.2: Luxusgut 1: Luxusuhren mit Werterhalt: Rolex Submariner, mit Datum, Stahl/Gold

für gebrauchte Luxusuhren durchaus für Investoren interessant ist.

Aber es gibt auch Luxusgüter, die auch als Neuware einen beständigen Wertzuwachs erleben, der sich freilich im Laufe der Jahre verlangsamen kann. Etwa die Rolex Sea-Dweller 116600, die Rolex GMT Master II 'Batman' oder die Rolex Daytona mit Keramik-Lünette, waren praktisch niemals weniger wert, als ihr Neupreis – und steigen aufgrund ihrer Seltenheit seither kontinuierlich.

Abbildung 3.3: Luxusgut 2: Luxusuhren mit Wertsteigerung: Rolex GMT Master II 'Batman', Rolex Daytona Keramik, Rolex Sea-Dweller Ref. 116600

In Einzelfällen können aber auch starke Wachstumsschübe verzeichnet werden, etwa für die Rolex Daytona in den 2010er Jahren, wo sich der Wert für viele Versionen dieses Modells in nur wenigen Jahren mehr als verdoppelte.

Wenn Objekte zu Unikaten werden, zu Einzelstücken oder zu sehr seltenen und gesuchten Objekten, wie etwa die Rolex Explorer II 1680 aus den frühen 1970er Jahren, so können Wertentwicklungen stattfinden, die aus anfänglichen 200 Dollar Kaufpreis heute einen Wert von 20.000 Euro machen, was selbst bei einer Korrektur um die Inflation des US-Dollar in diesem Zeitraum eine Verzehnfachung (10x) des Wertes darstellt, und das, obwohl diese einfache Stahl-Uhr hier im selben Zeitraum um 50 Jahre gealtert ist. Das ist freilich nicht die Wertentwicklung einer Uhr, sonder die eines Kunstwerkes, eines Unikates, eines Sammlerstückes. Dieser Wert ist höchst ideell und entsprechend fragil. Doch unter den älteren Luxusuhren, im sogenannten Vintage Markt, finden sich eine ganze Reihe solcher Sammlerstücke.

Abbildung 3.4: Seltene Sammlerstücke mit extremer Wertentwicklung: Rolex Explorer, Rolex Explorer II, Rolex Daytona

Allerdings ist dies für den Kapitalerhalt einerlei. Es geht nicht primär darum, Gewinne zu erzielen, auch wenn Gewinne freilich charmant sind. Es geht darum, dass das Kapital nicht durch Inflation oder Konsumgüter zerstört wird. Daher ist es nicht das Ziel das Kapital zu verdoppeln und alles andere als ein Verlustgeschäft zu begreifen, sondern es geht darum, Kapital zu erhalten – und damit meinen wir auch Wertverluste um bis zu 20%, denn dann bleibt noch immer 80% des Kapitals bestehen, verglichen mit 0% bei Konsumgütern oder 10% bei Bargeld durch die Inflation.

Wir erkennen: der Wert eines Luxusgutes ist aufgrund von Haltbarkeit, Seltenheit und Hochwertigkeit über einen langen Zeitraum stabil, kann leicht sinken oder leicht steigen, das Gut wird aber seinen Wert stabil erhalten, im Gegensatz zu einem Konsumgut, das innerhalb kürzester Zeit im Wert auf Null fällt.

Materialien

Es ist durchaus bezeichnend, dass alle Beispiele für Luxusuhren in den Abbildungen in diesem Kapitel (nahezu) ausschließlich Stahl-Uhren sind.

Wie wir bereits gesehen haben, ist Stahl als preisgünstiger und gut zu verarbeitender Werkstoff bei den Herstellern von Luxusuhren durch die Royal Oak in den 1970er Jahren hoffähig geworden und hat seither einen beispiellosen Siegeszug angetreten.

Und das, obschon Stahl freilich kein Edelmetall ist und entsprechend in einem Luxusgut nichts zu suchen hat.

Aber einen Vorteil hat Stahl auch für die Käufer dieser Uhren: er drückt den Preis der Uhr in einen Bereich, in dem dann Luxusgüter, also Güter mit einer entsprechenden Wertentwicklung, auch für einen breiten Markt von begüterten und gebildeten Menschen der Mittelschicht zugänglich werden. Und dies ist für den Markt von Vorteil, denn eine breite Nachfrage stabilisiert die Preise zusätzlich.

Würden Luxusuhren im Preisbereich von 15.000 bis 20.000 Euro beginnen, wäre die Nachfrage und die Breitenwirksamkeit dieser Güter deutlich begrenzter, würden sich auf einen schmalen Kundenkreis von Reichen und Superreichen beschränken, was sie zwar exklusiver aber auch schwerer zu liquidieren machte.

Durch Stahl als Werkstoff erschloss sich den Luxusuhren der Preisbereich unter 10.000 Euro und damit dieser so wichtige 'Einsteigerbereich'. Die Einstiegshürde in das Hobby und das Investment Luxusuhr wurde in einen Bereich gesenkt, der auch für Anfänger und Einsteiger 'vorstellbar' wird. Die emotionale Hürde über 10.000 Euro in ein anachronistisches Gut wie eine mechanische Uhr zu investieren wird dadurch drastisch gesenkt.

Daher erreichen einige Stahl-Sport-Uhren den Preisbereich von Uhren aus Stahl/Gold. Die Nachfrage nach diesen Uhren ist überproportional hoch, was den Preis in die Höhe drückt.

Handwerk

Viele Luxusuhren werden von Hand hergestellt. Freilich werden viele Bauteile heute maschinell gefertigt und das ist der Qualität und der Präzision bei modernen Werkzeugmaschinen freilich zuträglich. Doch Montage, insbesondere des Uhrwerks, Justage und Ganggenauigkeit, sowie Verzierungen und Gravuren werden noch immer in filiganster Handarbeit angebracht.

Damit ist eine Luxusuhr, bei Herstellern wie A. Lange jede einzelne, ein Unikat, ein Einzelstück, da die Verzierungen des Uhrwerks von Hand mit einem Stahl-Grfiffel in das Material eingebracht werden.

Seltenheit

Die Handarbeit limitiert die Stückzahlen. Automatisierte Herstellung, billige Materialen und damit grenzenlose Verfügbarkeit, ein Angebot, das die Nachfrage nicht selten weit übersteigt, ist ein Merkmal der Konsumgüterindustrie.

Ein Uhrmacher, der bei Rolex, Patek Phillipe oder Jaeger-LeCoultre ein Uhrwerk zusammenbaut ist ein hochbezahlter Spezialist, der für seine Arbeit Ruhe und viel Zeit braucht. Für den Zusammenbau eines hochkomplexen Uhrwerks mit diversen Komplikationen benötigt ein solcher Spezialist Wochen. Das, zusammen mit der begrenzten Anzahl von Uhrmachern, die auf diesem Niveau arbeiten, begrenzt die Anzahl der produzierbaren Uhren auf natürliche Weise.

Seltenheit ist ein wichtiges Charakteristikum eines Luxusgutes. Die Seltenheit bedingt, dass die Nachfrage stets höher bleibt, als das Angebot, was letztlich den Preis stabilisiert.

Ansehen von Hersteller...

Die Kunstfertigkeit und andere Attribute, bringt man vor allem mit Produkten eines Herstellers in Verbindung.

Der Hersteller ist die Instanz, die für eine bestimmte Qualität, Perfektion der Bearbeitung, Langlebigkeit und damit eben Ansehen am Markt und Nachfrage nach seinen Produkten generiert.

Und so wirbt man auch primär mit dem Ansehen des Herstellers. »Eine Patek Philippe kauft man nicht für sich, man verwahrt sie nur für die nächsten Generationen.« Hier werden die Attribute Wertbeständigkeit, Langlebigkeit und Zeitlosigkeit für den Hersteller in Anspruch genommen. Mit Patek soll man Dauerhaftigkeit und Tradition verbinden, gerne auch Familientradition, Erbe und Familiengeschichte. Denn eine Patek kann auch schon der Ur-Großvater besessen haben, will uns dieser Slogan sagen, denn Patek stellt schon so lange Uhren her – und sie halten auch so lange.

»Das einzige, was einen Flugzeugabsturz überlebt, ist eine Rolex.« betont die außergewöhnliche Robustheit und Langlebigkeit einer Uhr der Marke Rolex. Zugleich wird der aktive Lebensstil, der Mut zum Risiko eines Rolex-Besitzers mit vermittelt.

Mit solchen Auskünften, nicht nur auf Basis von Fakten, baut man eine Marke auf und deren Ansehen und Image.

Fraglos sind die Spitzenreiter ihres Segments identisch mit den höchst angesehensten und damit auch nachgefragtesten Herstellern, denen der Markt das meisten Vertrauen entgegenbringt.

Und dieses Vertrauen gründet nicht selten auf eine lange Tradition. Rolex, Anfang des 20. Jahrhunderts gegründet, ist eher ein 'Junger Wilder', verglichen mit Honoratioren, wie direkter Konkurrent Omega, aber auch Patek und AP, die beinahe 100 Jahre länger tätig sind. Diese Unternehmens-Traditionen vermitteln Vertrauen, Dauerhaftigkeit, Tradition und Sachkenntnis jenseits kurzlebiger Moden und Trends.

Und im Luxus-Segment hat dieses Vertrauen sich Rolex und Omega erarbeitet und darüber im Super-Luxus-Segment Audemars Piguet und Patek Philippe. Neu im High-End Segment hinzugekommen, aber lange nicht durch den Zahn der Zeit geprüft Richard Mille.

Die Anzahl solcher Top-Marken ist naturgemäß begrenzt. Menschen tendieren dazu sich einige wenige Top-Namen einzuprägen und alles was über einige wenige, vielleicht 3, 4 oder 5 Namen hinausgeht, wird vergessen, fällt hinten herunter, gerät unter 'ferner liefen...'.

Es gibt bestenfalls ein oder zwei Podestplätze, in diesem Fall pro Segment und damit Preisbereich. Alle anderen geraten in

Vergessenheit, sind nicht die Top-1A Hersteller, denen man vertraut und die nach Pareto 80% ihres jeweiligen Kuchens auf sich vereinen.

Und das sind...

- Rolex
- Omega
- Audemars Piguet
- Patek Philippe

... und Modelle

Innerhalb dieser Hersteller, und gelegentlich in besonderen Fällen auch außerhalb, spielt dann das Modell, sogar die Version und das Baujahr einer Uhr die entscheidende Rolle, ob diese Uhr für sich einen stabilen Werterhalt realisieren kann oder sogar einen deutlichen Wertzuwachs.

Nicht alle Rolex Modelle behalten ihren Wert und schon gar nicht alle werden immer wertvoller. Dasselbe gilt verstärkt für Omega, doch ebenso für AP und Patek.

Unter diesen wenigen Herstellern sind es am Ende nur wenige Modelle und Versionen, die zu Sammlerstücken werden und eine großartige Wertentwicklung erleben.

Wenn wir also Wertzuwachs suchen, so suchen wir die Besonderheit innerhalb der Ausnahme. Bei Wertstabilität ist die Auswahl nicht ganz so schwierig und spekulativ.

Spitzengruppe unter den wertstabilen Luxusuhren sind derzeit fraglos die Rolex Stahl-Sportmodelle, insbesondere zurückreichend Baujahre bis in die Mitte der 1980er Jahre.

Die Stahl-Sport Modelle davor haben einen extremen Wertzuwachs erlebt und sind schon deshalb wahrscheinlich nur noch historische Beispiele für ein Investment mit hoher Wertsteigerung.

Bei Omega sind es nur ausgewählte Modelle der Seamaster und Speedmaster Reihe, die stets ein stabiles Investment darstellen.

Audemars Piguet müht sich zwar, vom Image des Royal-Oak-Herstellers wegzukommen, aber das ist jammern auf hohem Niveau, denn alle Modelle die diesen Namen Tragen erfreuen sich zunehmend hoher Nachfrage, der ein höchst begrenztes Angebot gegenübersteht.

Letztlich Patek Philippe hat keine Superstars in seinen Reihen, nahezu alle Uhren von Patek Philippe sind Superstars, höchst angesehen und wertstabil. Jedoch in einem Preisbereich, wo auch ein Preisrückgang von 10% schnell einen Verlust von 10.000 Euro bedeuten kann.

Luxusgüter, Sammlerstücke, Einzelstücke

Die Übergänge zwischen Luxusgut, Sammlerstück, Seltenheit, Unikat und Einzelstück sind fließend.

Ein Luxusgut ist per se durch seine Fertigung in Handarbeit und die begrenzte Anzahl an Meister-Uhrmachern, die auf diesem Niveau arbeiten können begrenzt. Einige dieser Luxusgüter werden zu Sammlerstücken, oft,

- weil sie in ästhetischer Hinsicht zwischen anderen, ähnlichen Produkten herausragen
- weil sie durch ihre Historie und ihre Herkunft eine Ikone ihrer Zunft sind
- weil sie in einer Gruppe von Enthusiasten einen herausragenden Status erlangt haben

Je seltener solche Objekte werden, je mehr Nachfrage einem zunehmend geringeren Angebot gegenüber steht, was oft mit dem Alter zu tun hat, da im Laufe der Jahre und Jahrzehnte immer mehr gleichartige Objekte dem Zahn der Zeit zum Opfer fallen, je seltener diese Objekte also werden, umso teuerer und zusätzlich umso gesuchter werden sie. Denn jeder Sammler wünscht sich einzigartige Stücke in seiner Sammlung.

Wo Unikate noch 'hergestellt' werden können, etwa die Uhrwerke von A. Lange, die von Hand verziert jedes einzelne ein Unikat darstellt, sind Einzelstücke dann wahrhaft selten, weil nur einmal auf der Welt existent.

Auch Einzelstücke können noch gefertigt werden, etwa die Patek Philippe 'Sky Moon' für 990.000 Euro.

Aber freilich noch individueller, weil zudem mit einer Geschichte und einem Hintergrund ausgestattet, sind solche Einzelstücke, die durch zunehmende Seltenheit und besondere Ereignisse zu Einzelstücken erst werden.

Hier denke man an die persönliche Rolex Daytona von Paul Newman, die kürzlich für 15 Millionen Euro den Besitzer wechselte. Garantiert an einen Rolex-Enthusiast und Paul Newman Fan.

Wir halten fest: Einzelstücke sind extrem teuer im Erwerb und dieser Preis besteht praktisch nur aus ideellem Wert. Für ein Investment fragwürdig. Auch, weil es praktisch keinen 'Markt' für diese Stücke gibt, es sind ja Einzelstücke. Sie werden oft in Auktionen verkauft und dort hängt es dann stark von den Teilnehmern ab, welcher Preis erzielt wird.

Unikate sind dagegen praktisch normale Kunstwerke, denen eine individuelle Note gegeben wird. Bis eine bestimmte Variante, vielleicht von einem bestimmten Meister, besonderen Status erreichen und gesucht sind, ist diese Unterscheidung für ein Investment bedeutungslos und sollte im Preis nur moderaten Niederschlag finden.

Daher genügt es für den Investor sich auf die relativ breit verfügbaren Luxusgüter und Sammlerstücke zu beschränken. Hier steht immer eine gewisse Nachfrage einem Angebot gegenüber, was die Liquidierbarkeit solcher Stücke in kurzer Zeit ermöglicht.

Kapitel 4

Märkte und Preise

Der Markt für Luxusuhren ist groß. Weltweit listet Chrono24.com, das Zentralorgan des Luxusuhren-Gebrauchtmarktes aktuell (Sommer 2019) über 400.000 Uhren. Wohlgemerkt sind dies überwiegend gebrauchte Uhren, die von Händlern angeboten werden. Nicht in dieser Statistik erfasst ist ein Großteil der Neuware, die von Konzessionären der Hersteller angeboten werden. Wir betrachten also, wenn auch einen relevanten, so doch nur einen Ausschnitt des Marktes.

Diese Zahlen sind freilich eine Momentaufnahme. Aber die sichtbare Tendenz sollte sich als sehr persistent erweisen, letztlich da vieles im Uhrenbereich sehr langsam geht, sehr dauerhaft ist, sehr langfristig funktioniert. Diese Langfristigkeit, diese Verlässlichkeit, diese Bedächtigkeit Veränderung gegenüber, ist Teil des Charmes der Uhrenbranche als Investmentbereich. Die Dinge sind in aller Regel berechenbar, absehbar, nicht zu hektisch oder dramatisch. Sicher. Eines der wichtigen Kriterien für Investment, das auf Werterhalt und mittelfristigen Wertzuwachs abzielt.

Die Abbildung zeigt das derzeitige Angebot an gebrauchte und neuen Uhren auf Chrono24, sowie den Anteil an Stahl-Uhren.

Wir erkennen, dass im nicht-Luxus-Bereich unterhalb von 5.000 Euro die meisten Uhren angeboten werden wovon über 70% aus Stahl gefertigt sind. Mit über 160.000 Angeboten ist dieser Bereich offensichtlich eher ein Massenmarkt, ein Markt für Massenprodukte, also insbesondere keiner für exklusive Luxusgüter, von denen wir hier aber sprechen wollen und müssen. Daher wollen wir diesen

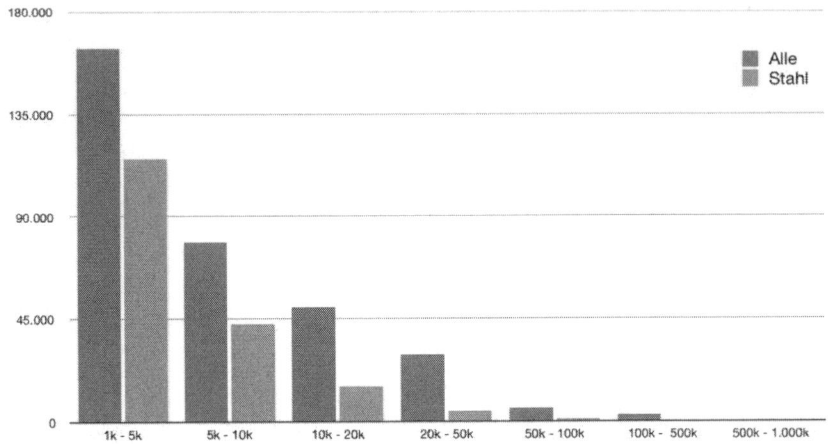

Abbildung 4.1: Angebot an Uhren pro Marktsegment

Bereich nicht weiter betrachten, da hier eine Wertstabilität jenseits des Gebrauchswertes nur in extremen Ausnahmefällen (etwa Nomos) zu erwarten ist.

Preisbereiche

Die Preisbereiche der Uhren liegen daher wie folgt: unter 5.000 Euro sprechen wir nicht wirklich von Luxusuhren. Mechanische Uhren in diesem Bereich mögen ein Schweizer oder ein anderes hochwertiges und verlässliches Uhrwerk haben und auch einen gewissen funktionalen Wert darstellen, sie sind aber eher Alltags- und Gebrauchsuhren, taugen in aller Regel aber nicht zur Geldanlage, weil sie, wie so viele andere Güter dieser Welt, im Laufe der Zeit und mit der natürlichen Alterung ihren Wert einbüßen.

Berechnen wir überschlagsweise in den genannten Preisbereichen einen mittleren Preis einer Uhr (etwa im Preisbereich 5.000 - 10.000 Euro = 7.500 Euro) und multiplizieren wir diese Zahl mit der Anzahl der angebotenen Uhren (also hier 78.738), so erhalten wir für jeden dieser Preisbereiche ein grob geschätztes Marktvolumen in Euro (für den Bereich 5k-10k, also exemplarisch 590 Millionen Euro).

Es zeigt sich, dass, trotz der erheblich höheren Stückzahl, die

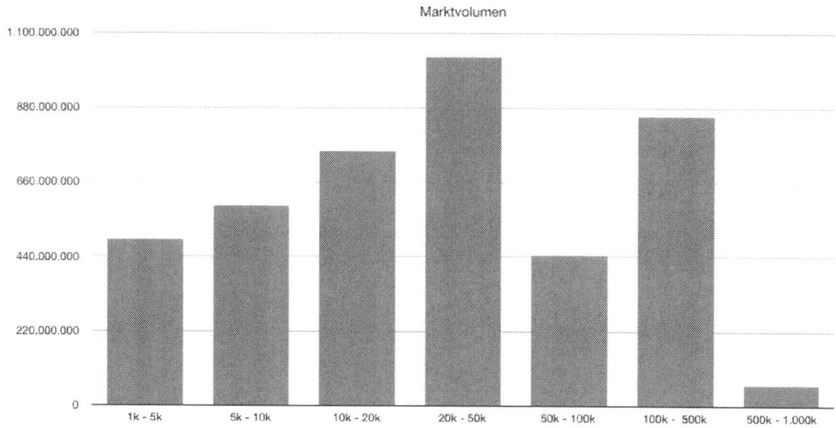

Abbildung 4.2: Marktvolumen pro Marktsegment

Preisbereiche zwischen 5.000 und 50.000 Euro zunehmend mehr Volumen generieren. Der für den unbedarften Betrachter exotisch anmutende Bereich mit einem Preis von 20.000 bis 50.000 Euro für eine Armbanduhr liegt bei über 1 Milliarde Euro.

Dies ist wichtig, denn eine Geldanlage ist nur dann etwas wert, wenn sie auch liquidiert, also in Bargeld umgewandelt werden kann. Daher braucht es einen Markt, an dem die Güter gegen Bargeld eingetauscht werden können.

5k-10k: 5.000 bis 10.000 Euro

Erst ab 5.000 Euro sprechen wir ernsthaft von Luxusuhren.

Der Bereich zwischen 5.000 und 10.000 Euro wird dabei allgemein als Einsteigerbereich betrachtet. Gleichzeitig ist er auch was die Anzahl der angebotenen (Luxus)Uhren am Markt angeht der stärkste Bereich mit beinahe 80.000 angebotenen Uhren. Mit 54% Marktanteil sind hier zudem mehr als die Hälfte dieser Uhren aus Stahl gefertigt. Dieser Bereich ist also der klassische Bereich der Stahl-Sport-Luxusuhr. Hier finden wir so gefragte Modelle, wie die Rolex Submariner, die Rolex GMT Master II, aber auch die Omega Speedmaster.

Dieser Bereich ist praktisch jedem Uhren-Begeisterten und

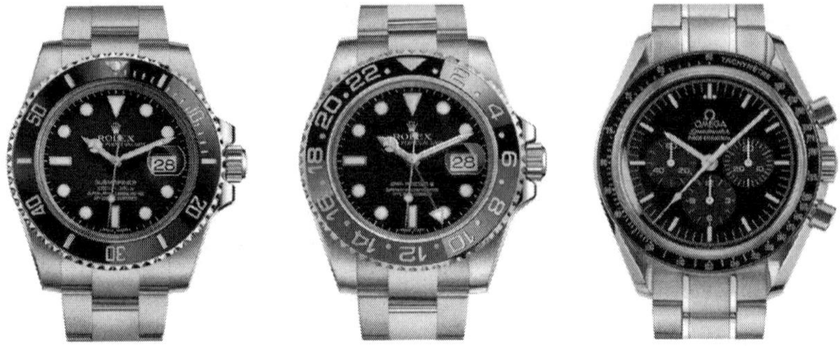

Abbildung 4.3: Herz und Seele des Luxussegments: 'Rolex Submariner', Rolex 'GMT Master II', Omega 'Speedmaster'

jedem Investor mit jedem Geldbeutel zugänglich. Eine Uhr zum Preis eines Monatsgehalts und deutlich unter dem Preis eines brauchbaren Autos ist heute in der ersten Welt jedem Mitglied der breiten Mittelschicht und darüber zugänglich, der ein Interesse an diesen Dingen hat.

Entsprechend ist das Marktvolumen groß und die Umsatzzahlen enorm. Dies ist der Kernbereich des Luxus-Segments, zu dem primär Rolex und Omega und mit deutlichen Abschlägen Breitling, IWC, Panerai und Jaeger-LeCoultre gehören.

Entsprechend dominieren die beiden Big Player Rolex und Omega dieses Marktsegment. Jedoch nicht zu ganz gleichen Teilen, wie die Abbildung zeigt. Omega ist zwar im Sub-Luxus-Segment zwischen 1.000 und 5.000 Euro mit Rolex gleichauf, die darüberliegenden Bereiche bis 50.000 Euro dominiert Rolex aber zunehmend.

Omega ist also, auch wenn man das in Biel nicht gerne hören wird, mit Rolex nicht gleichauf. Technologisch hat Omega viel zu bieten, was die Produktpolitik angeht ist Omega aber zu schnelllebig, während Rolex auf eine beinahe katatonische Kontinuität setzt, die der Markt langfristig honoriert.

Es ist nicht übertrieben zu behaupten: Rolex *ist* das Luxussegment. Und dies gilt insbesondere aus der Sicht des Investors.

Betrachten wir das Marktvolumen, so stellen wir fest, dass dieser Bereich, trotz der geringeren Anzahl an angebotenen Uhren trotzdem mit 590 Millionen Euro deutlich über dem Sub-Luxus-Segment liegt.

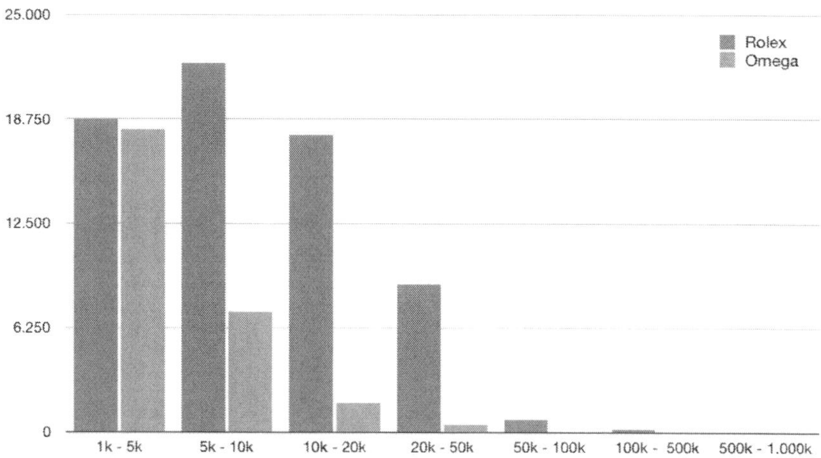

Abbildung 4.4: Luxusmarkt von Rolex und Omega

10k-20k: 10.000 bis 20.000 Euro

Dies ist der gehobene Bereich, in dem sich andere und überwiegend unbekanntere Hersteller als Rolex bewegen, wiewohl auch Rolex hier noch stark vertreten ist. Hier haben Spezialuhren von Ulysse Nardin, IWC, Jaeger-LeCoultre und Breguet ihr Zuhause. Stark werden in diesem Bereich aber auch bereits die beiden wichtigen Mitglieder der Heiligen Dreifaltigkeit: Patek Philippe und Audemars Piguet. Und auf diese wollen wir unser Augenmerk richten, denn dies sind auch die Hersteller, die uns als Investoren wegen ihres Werterhalts interessieren.

Die Analyse der Stückzahlen dieser beiden dominanten und bedeutenden Hersteller zeigt, dass beide ihren Schwerpunkt mit über 2.500 aktuell gelisteten Angeboten im deutlich gehobenen Segment zwischen 20.000 und 50.000 Euro haben. Jedoch beginnt ihr Einfluss bereits hier unter 20.000 Euro, wo aber Rolex ihnen mit über 15.000 Angeboten noch klar den Rang abläuft.

Wir sprechen also von ca. 1/4 der Stückzahlen des Luxus-Segments von Rolex und Omega, also von einem deutlich kleineren und exklusiveren Markt. Gegen die Stückzahlen und Umsätze mit Rolex- und Omega-Uhren, treten diese Hersteller, obschon Spitze in ihrem Metier, doch deutlich in den Hintergrund.

Abbildung 4.5: Gehobenes Luxussegment: Patek Philippe 'Calatrava', Rolex 'Submariner Stahl/Gold', Audemars Piguet 'Royal Oak Offshore'

Um die Zahlenverhältnisse klarer zu machen: Patek Philippe hat seit 1830 ca. 1 Million Uhren hergestellt. Rolex stellt pro Jahr 1 Million Uhren her.

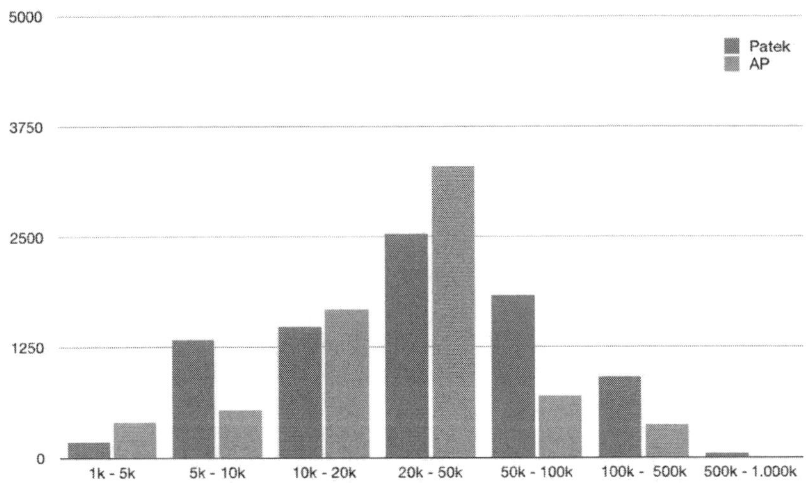

Abbildung 4.6: Gehobener Luxusmarkt von Patek und AP

Bei näherer Betrachtung zeigt sich, dass AP sich stärker auf die besonders lukrativen Bereiche zwischen 10.000 und 50.000 Euro fokussiert, während Patek Philippe etwas breiter aufgestellt ist und sowohl den Bereich unter 10.000 Euro, als auch den über 100.000 Euro bedient.

Das hängt damit zusammen, dass eine Uhr für mindestens 10.000 Euro 1. einem klaren psychologischen Widerstand entgegenarbeiten muss. Hier sprechen wir von Summen, die selbst in der Ersten Welt gewöhnlich für Autos ausgegeben werden, nicht für Armbanduhren.

2. Nimmt im Segment über 10.000 Euro auch der Anteil der beliebten und unkomplizierten Stahl-Sport-Uhren deutlich ab. Hier kommen zunehmend Materialien wie Gelbgold, Weißgold und Rosegold ins Spiel. Uhrwerke sind aufs feinste bearbeitet und verziert. In diesem Segment wird der Schritt von der überteuerten Sport-Uhr zum kleinen mechanischen Kunstwerk vollzogen.

Und dieser Trend setzt sich im nächsten Segment ebenso fort...

20k-50k: 20.000 bis 50.000 Euro

Es zeigt sich, dass, trotz der zahlenmäßigen Dominanz der preisgünstigen Uhren unter 10.000 Euro, doch aufgrund des überproportional ansteigenden Preisgefüges, das Segment zwischen 20.000 und 50.000 Euro überraschenderweise das Umsatzstärkste von allen ist. Hier werden Umsätze über 1 Milliarde Euro gemacht.

Abbildung 4.7: High End Luxus: AP 'Royal Oak 15202st', Rolex 'Submariner Gold', Patek Phillippe '5170 Chronograph'

Das zeigt gleichzeitig, dass dieser Bereich sich weiterhin für Investoren eignet, da es eine signifikante Nachfrage gibt, die sowohl die Preisstabilität, den Werterhalt, die Liquidierbarkeit und damit einen langfristigen Gewinn befördern.

Trotzdem bewegen wir uns hier in einem Bereich oberhalb dessen sich die breite Masse ein Auto leisten kann.

Die Anzahl potentieller Käufer schrumpft in diesem Bereich also signifikant. Dies ist der Bereich in dem sich Uhren wie die originale 'Royal Oak Jumbo' 15202st finden, eine Rolex Submariner aus massivem Gold oder die Patek Philippe '5170 Chronograph'.

50k-100k: 50.000 bis 100.000 Euro

In diesem Bereich finden wir hochkomplexe Uhren, oft mit oft vielen und wenig sinnreichen Komplikationen, Grand Complications, Ewige Kalender, Uhren, die sich zunehmend weniger dazu eignen getragen zu werden und unter denen der Anteil an Dauerbewohnern von Panzerschränken überproportional zunimmt.

Abbildung 4.8: High End: Patek Philippe 'Grand Complication', Patek Philippe 'Nautlilus Mondphase', A. Lange 'Zeitwerk'

Hier finden sich die van-Goghs und Picassos der Uhrenindustrie. Die Meisterstücke. Die Stücke, bei denen die Hersteller zeigen wollen, was sie können. Ohne Rücksicht auf Kosten, Aufwand und Preis. Meisterwerke höchster Handwerkskunst von denen oft nur einige wenige pro Jahr aus erlesensten Materialien gefertigt werden. Extrem exklusive Produkte, die viel Geld kosten, deren langfristiger Werterhalt aber aufgrund ihrer extremen Exklusivität durchaus in Frage steht.

100k-1.000k: 100.000 bis 1.000.000 Euro

Darüber wird es wahrlich exotisch. Ein Segment, das nur noch kleine, hochexklusive Manufakturen wie Patek Philippe und final Richard Mille bedienen, wo eine Uhr zu fertigen etwa ein Jahr dauert und ebenso mindestens ein Jahresgehalt kostet.

Richard Mille ist neu in diesem Segment. Ein Spin-off von Audemars-Piguet, das ausschließlich Super-High-End Uhren im Preisbereich von 100.000 bis 1.000.000 Euro pro Uhr verkauft.

Abbildung 4.9: Super High End: Richard Mille 'RM11', Richard Mille 'RM27', Patek Philippe 'Sky Moon',

Eine RM11 bekommt man 'bereits' für 150.000 Euro, die 'RM27 Raphael Nadal' liegt dagegen bei 650.000 Euro. Die Patek Philippe 'Sky Moon' kostet 990.000 Euro.

Dieser Bereich ist für Investoren begrenzt interessant, die große Summen anlegen wollen. Jedoch ist aufgrund der hohen Exklusivität die langfristige Preisstabilität dieser Uhren nicht gesichert. Auch wenn Richard Mille derzeit trotz seiner geradewegs absurden Preise tausende Uhren jedes Jahr absetzt ist nicht klar, ob es sich hier um eine dauerhafte Ausweitung des Marktes nach oben handelt, oder lediglich um ein Strohfeuer.

Kapitel 5

Welche Hersteller?

Es hat durchaus einen Grund, dass wir schon sehr viel über Rolex gesprochen haben.

Es gibt tatsächlich eine ganze Reihe guter, bekannter und renomierter Hersteller von Luxusuhren. Freilich Rolex, Omega und Breitling, aber auch IWC, Panerai, Hublot, Jaeger-LeCoultre und Breguet, Blancpain und Longines, Patek Philippe, Audemars Piguet und Vacheron Constantin, A. Lange und Nomos, Girard Perregaux, Ulysse Nardin, Piaget, F.P. Journe, H. Moser, Zenith, Oris und Chopard, Baume&Mercier, Corum und Cartier, Eterna und Frank Muller, Hamilton, Bell&Ross und Bremont, Meistersinger, Laco und Glashütte Original, Seiko, Sinn und Swatch, Tudor, Tissot und Urwerk, Vostok, Montblanc und U-Boat.

Aber welche Hersteller produzieren Uhren, die sich für ein Investment eignen? Also solche, die ihren Wert – und das über Jahre und Jahrzehnte – mindestens erhalten, besser, in ihrem Wert steigen, sich zu Sammlerstücken entwickeln, idealerweise selten und sehr gesucht sind?

Die Antwort darauf ist einfach: ersteres, also der Werterhalt lässt sich gut eingrenzen. Zweiteres, das Sammlerstück, die Ikone, lässt sich nur vermuten und mit etwas Geschick vorab erkennen – sicher ist ein solcher Blick in die Zukunft freilich nie. Es bedarf immer eines gewissen Geschicks und in diesem Fall auch eines gewissen Geschmacks, hier das Aussichtsreiche, das Richtige zu wählen aus den Tausenden von Möglichkeiten. Aber es finden sich wiederkehrende Schemata, Regeln, Dinge, auf die man achten kann, um vermehrt derartige Modelle zu erkennen und aus der Masse der Vielen erfolgreich auszufiltern...

Werterhalt

Ein Luxusgut erhält also seinen Wert oder steigert ihn sogar, wenn es

1. Handwerklich brillant und über längere Zeit haltbar ist
2. Selten und gesucht ist
3. Eine Ikone eines Stils oder eines Segments ist
4. Einen gewissen Nutzwert hat oder als Kunstwerk gilt
5. Einen Markt dafür gibt

Was für mechanische Uhren im engeren Sinne bedeutet:

Das Stück muss, was menschliches Ermessen angeht, perfekt sein. Jede Kante, jede Oberfläche, jedes Detail muss in Perfektion ausgeführt sein, sonst verdient es nicht die Wertung handwerklicher Brillanz. Ein maschinell gefertigtes Stück, das scharfe Kanten, schief aufgesetzte Details und eine blecherne, labbrige Anmutung hat, hat nicht das Zeug zum Sammlerstück.

Ebenso freilich nützt es nichts, wenn das Objekt so schlecht gemacht ist, dass es bei geringster Belastung seine Funktion nicht mehr erfüllen kann und zerfällt. Haltbarkeit ist nur die andere Seite von Langfristigkeit und damit von Werterhalt.

Ein Luxusgut muss selten sein, aber nicht so selten, dass es keine Nachfrage danach gibt, weil es gar kein Angebot gibt.

Hier hat natürlich das Internet enorme Veränderungen gebracht: durch das Internet ist das Angebot an Uhren internationalisiert, eine hohe Transparenz ist erreicht, weil weltweit ein Großteil der Angebote für jeden Kaufinteressenten sichtbar sind, sodass sich auch für seltenere Stücke viel leichter ein Markt, also Angebote, die einer Nachfrage gegenüberstehen, herausbilden kann, als in Vor-Internet-Zeiten.

Zwar hatte in weit weniger werthaltigen Sammlerbreichen derselbe Effekt katastrophale Folgen, etwa Sammler von Modellautos mussten herausfinden, dass der Sammlerwert ihrer Stücke auf ein Minimum schrumpfte, angesichts des durch das Internet transparent gewordenen, weltweiten Angebots dieser Massenprodukte. Doch im Fall von hochwerteigen Luxusuhren hat die globale Transparenz der Märkte eher zu einem Entstehen von Märkten auch für seltenere Stücke geführt, was für die Preisentwicklung von Vorteil war, weil plötzlich eine Nachfrage entstand, wo früher schwer eine zu finden war.

Es hilft nicht, wenn das Angebot größer ist, als die Nachfrage, denn dann sinkt auch für das Luxusgut – wie in jedem Markt – der Preis. Das Objekt muss gesucht sein, mehr Menschen müssen es wollen, als es verfügbar ist. Mehr Menschen müssen danach lüstern, auch wenn sie es sich gar nicht leisten können. Vielleicht können sie es ja irgendwann, dann vergrößern sie die Nachfrage noch.

Die Uhr muss weiterhin eine Ikone sein, ein Repräsentant seiner Genres, nicht die X-te Taucheruhr von Hersteller Unbekannt, sondern die Taucheruhr schlechthin, die, die von allen als die Taucheruhr schlechthin betrachtet wird – mit anderen Worten die Rolex Submariner.

Hilfreich für den Werterhalt auch in schwereren Zeiten ist der Nutzwert. Auch wenn das Gut keinen Liebhaber- oder Sammlerwert mehr hat, so hat es doch einen Nutzen und zudem vielleicht einen Grundwert aufgrund der verarbeiteten Edelmetalle.

Es zeigt sich: wir haben freilich nicht ohne Grund bereits in den vorangegangenen Kapiteln immer wieder Rolex und Omega und Patek Philippe und Audemars Piguet betrachtet. Denn genau genommen sind genau dies auch die Unternehmen, deren Uhren in Punkto Werterhalt und Wertsteigerung unter allen herausragen. Wer Uhren als Investment betrachten möchte, tut gut daran, sich genau an diese vier zu halten.

Sicherer Werterhalt und Wertsteigerungspotential

- Rolex
- Patek Philippe

Wahrscheinlicher Werterhalt und gewisses Wertsteigerungspotenial

- Omega

- Audemars Piguet

Und das ist vollkommen klar, denn auch hier gilt das Pareto-Prinzip. 20% der Hersteller (also ganze 4) vereinen 80% der Modelle, die ihren Wert erhalten oder sogar steigern werden auf sich. Im Falle der Luxusuhren würde ich sogar von einer 90/10 Verteilung sprechen. 90% der Modelle mit Investmentpotential stammen von 10% der Hersteller. Von den oben genannten 4.

Und auch wenn das nun politisch inkorrekt klingt, brutal ist, schwarz-weiß gemalt klingt, so ist es: alle anderen werden ihren Wert verlieren, was bedeutet: taugen nicht als Investment. Alle anderen sind für unsere Zwecke hier ungeeignet. Mit vielleicht einer Ausnahme hie und da, aber das ist der Tenor, der in 90% aller Fälle Gültigkeit hat.

sicher. . . ?

Freilich, sicher ist nichts auf der Welt. Aber relativ sicher und relativ wahrscheinlich schon. Es gibt auch gute Gründe dafür, dass wir dies annehmen. Denn selbst in den unberechenbaren Läuften der Zeit haben sich diese Sichtweisen als Verlässlich und selbst angesichts permanenter Veränderung und permanenten Wandels haben sich diese Denkweisen über Jahrzehnte als tragfähig erwiesen.

Freilich ist die Vergangenheit kaum mehr als ein schlappes Indiz dafür, was die Zukunft bereithält. Und im Fall von Kapitalanlagen ist es sogar so, das gerade die Objekte und Anlagen, die in der näheren Vergangenheit besonders gut performt haben, gerade die sein mögen, die ihr Pulver bereits verschossen haben.

Andererseits genießen über viele Jahrzehnte erfolgreiche Unternehmen nicht umsonst Ansehen und die Vermutung, dass sie auch weiterhin, auf ihrem exzellenten Ruf aufbauend, in vielerlei Hinsicht im Sinne des Kunden Leistung erbringen werden.

Denn freilich ist es den Herstellern der ersten Liga bewusst, dass ihre Kunden all diese langfristigen, werterhaltenden und dauerhaften Qualitäten ihrer Produkte mehr als alles andere schätzen. Die genannten Vier wissen zweifellos, dass es ein fragiler Ruf ist, den sie erhalten wollen und müssen, wollen sie die exklusive Nachfrage nach ihren teueren Produkten weiterhin auf sich fokussiert wissen – Mitbewerber, die der Spitzengruppe den Rang ablaufen wollen sind da viele.

Also ist man peinlich darauf bedacht, durch Image, Preispolitik, jener entrückten Weltfremdheit des Metiers, durch Markenbotschafter, also Prominente, die sich mit den Produkten schmücken, durch Höchstleistungen, wie der Rolex Deep Sea, durch höchste Brillanz, durch alles nur erdenkliche, den Ruf der Marke hochzuhalten.

Was freilich den Investor freut. Denn der Werterhalt der Marke ist identisch mit dem Werterhalt seiner Stücke, seines Investments, seines Kapitals. Eine ganze Industrie, die Uhrenhersteller, aber auch die Marketing-Strategen von Luxuskonzernen, wie Richemond, LVMH und Swatch arbeiten an der Stabilität seines Investments.

Das ist eine Win-Win-Situation durchaus ganz anders, als etwa im Aktien- und Fondsbereich, wo die Märkte auch von den Branchengroßen manipuliert werden, aber zu *deren* Vorteil und oft zum Nachteil des Kleinanlegers. Hier im Uhrenbereich ziehen aufgrund der Struktur, der Natur der Dinge, alle, Investor und Hersteller, an einem Strang. Und das ist gut so.

Kapitel 6

Welche Modelle?

Wir können hier freilich keine Kaufempfehlung oder gar Kaufanweisung geben. Die dargestellten Modelle sind lediglich die Ikonen ihrer Zunft und Vorbilder für alle zukünftigen oder noch zu entdeckenden Modelle, die ebenfalls eine Bedeutung erlangen können. Überhaupt beziehen sich freilich notgedrungen alle Betrachtungen der Wertentwicklung eines Modells auf die Vergangenheit. Die Zukunft bleibt ungewiss.

Uhren sind, wie jede Kunstform, eine recht irrationale Angelegenheit. Assoziationen, Ästhetik, Coolness, Faktoren, die eine Uhr herausheben über die vielen anderen gibt es viele und die wenigsten davon sind vernunftgesteuert. Sie sprechen unser Gefühl für Schönheit an, den irrationalen Teil unseres Wesens in dieser so rationalen Welt. Vielleicht sind Uhren gerade deshalb so attraktiv. Weil sie jenes irrationale Moment in uns ansprechen, jene Leidenschaft, das was uns zu lebenden, fühlenden Wesen macht. Und entsprechend irrational und teilweise bescheuert sind die Gründe, weshalb das eine Uhrenmodell zum Evergreen und zum Lustobjekt zahlloser Enthusiasten wird – und das andere nicht, obschon technisch überlegen und ebenso cool im Design.

Aber genau dies sind die Faktoren mit denen der Investor sich herumschlagen darf. 'Darf', denn es macht Spaß, es ist ein lustvolles, spannendes, amüsantes, gefühlvolles Metier, eines in dem der Mann in uns sich zeigen darf, sich identifizieren darf mit Taucher- und Militäruhren, mit Piloten- und Abenteurer-Uhren, mit Action, mit der alten, selten gebrauchten Maskulinität in uns, mit all dem, was uns in unseren Büro-Welten so schmerzlich abgeht. Und wir dürfen uns ungestraft identifizieren mit diesen maskulinen Figuren, mit James Bond, Edmund Hillary, Steve McQueen, Clint Eastwood, Sylverster Stallone und Paul Newman, mit all den Helden und Helden schauspielernden echten Männern, die sich die Welt nehmen, statt darauf zu warten, dass irgend eine Frau sie ihnen gibt.

Das binden sich die Uhren-Enthusiasten an den Arm. Dieses Gefühl, verbunden zu sein mit diesen Bildern von Männern, die wir alle gerne wären. Und das ist freilich zutiefst irrational, regelrecht kindisch. Aber es funktioniert. Der Investor sollte also fürderhin darauf achten, wenn Uhren in Filmen und in anderen breitenwirksamen Zusammenhängen in den Vordergrund treten. Selbst nur für wenige Sekunden... schon darin mag sich ein Hype verbergen und damit ein unmäßiger Zuwachs an Nachfrage und, der auf dem Fuße folgend, Preis.

So funktioniert diese Welt der Luxusuhren. Freilich ist das meilenweit entfernt vom kühlen Analysieren von Aktienkursen der Vergangenheit, um aus Kurvenverläufen ein paar Tage in die Zukunft zu blicken. Aber genau deshalb ist es auch so unvergleichlich viel amüsanter.

Und eine wichtige Rolle in diesem, zumindest einen Hype initiierenden Moment, spielen Prominente und andere Traumprodukte.

Freilich haben den Halo-Effekt um Stars herum auch die Uhrenhersteller seit Langem entdeckt und nutzen diesen sehr aktiv. Jeder Hersteller hat 'Botschafter' (Ambassadors), die für die Marke Werbung laufen. George Clooney und Leo di Caprio laufen für Uhrenmarken Werbung und viele andere Prominente ebenso. Aber das ist freilich nicht dasselbe. Und peinlich, wenn James Bond Darsteller Pierce Brosnan zwar in seiner Rolle für Omega wirbt, aber in seiner Freizeit dann doch mit einer Rolex am Handgelenk gesichtet wird... well, nobody is perfect, right?

Die Ikonen

Wenden wir unszunächst den Ikonen zu, den unantastbaren Modellen, denen, deren Marktwert teils horrende Höhen erreicht.

Omega

Die Sache mit den Modellen liegt bei Omega nicht so ganz einfach.

Das liegt daran, dass Omega – aus unerfindlichen Gründen – meint, jedes Jahr duzende neue Modelle und auch Modellvarianten ihrer Ikonen auf den Markt werfen zu müssen. Als hätte man etwas zu beweisen, was man noch nicht bewiesen hätte. Omega hat nichts zu beweisen. Seit 1835 baut man zunehmend hervorragende Uhren und liegt technologisch mit Rolex etwa gleichauf. Omega könnte stolz auf sich sein.

Aber man hat diese Praxis, beständig neue Modelle zu kreieren. Und dies tut freilich nur eines: es verwässert den Wert der Uhren. Und das ohne jede Not, denn Omega baut wirklich technisch und auch ästhetisch höchst ansprechende Uhren.

Der Kern von Omega sind die beiden Modelle 'Seamaster' und 'Speedmaster'.

Abbildung 6.1: Omega Ikonen: 'Seamaster' und 'Speedmaster'

Speedmaster

Mit der Speedmaster ist Omega der Marketing-Coup des Jahrhunderts gelungen. Denn die Omega 'Speedmaster Professional' ist von der NASA zur offiziellen Mond-Uhr gekürt worden und bis heute bei allen NASA-Astronauten im All im Einsatz.

Die Speedmaster hat daher seither unzählige Sonderversionen, Verbesserungen, Designvariationen, Materialvarianten, Jubiläumseditionen, Limitierte Sondermodelle und ähnliches Sinnloses erfahren... doch... die echte ist nur die 'Speedmaster Moonwatch'.

Überlegen wir einen Moment...

»Aber, wenn sie besser ist und weiter entwickelt, warum nicht die moderne Version der Speedmaster, mit Saphirglas, Saphir-Sichtboden, Top-Inhouse Automatik-Chronographenwerk...? Ist denn nicht das hochmoderne hauseigene Uhrwerk von Omega besser als das 50 Jahre alte Lemania-Werk der Monduhr?«

»Doch möglicherweise schon.«

»Ist nicht das Saphir Uhrglas robuster als das Kunststoffglas? Und zudem kratzfest?«

»Doch.«

»Ist nicht der Saphirglas Boden, der einen freien Blick auf das Uhrwerk ermöglicht, viel schöner als der alte Stallboden der Monduhr?«

»Doch, dem ist fraglos so.«

»Und wäre ein Automatikwerk nicht praktischer und zeitgemäßer, statt dem altmodischen Handaufzug?«

»Auf jeden Fall.«

»Ist also nicht die moderne, mit Saphirglas, moderne hauseigenen Chronographenwerk von Omega ausgestattete Speedmaster die bessere Uhr verglichen mit der alten Monduhr?«

»Das mag gut so sein. Aber all das zählt nicht. Denn... «

Denn die Monduhr ist die Uhr mit Geschichte, die Uhr, die buchstäblich Geschichte geschrieben hat. Sie ist die Ikone ihrer Zunft, ist *die Speedmaster*, eine der besten, angesehensten, robustesten, bekanntesten, von der NASA hart getesteten und auch eine der schönsten Chronographen die je gebaut wurden. Sie ist perfekt wie sie ist. Alle anderen sind nur Nachbauten, Nachahmer, Kopien, Würdigungen, Verbeugungen, Verschlimmbesserungen, Varianten. Die Monduhr ist das Original und keine sonst.

Jede Veränderung hier wäre ein Fehler. Etwas perfektes kann man nicht verbessern. Nur das Original hat auch das Ansehen und damit den dauerhaften Wert, die ungebrochene Nachfrage. So, wie eine Uhr sein soll, die ein Investment ist und nicht nur ein Mittel um die Uhrzeit zu erfahren.

Dies muss man wissen, wenn man in eine Speedmaster investieren will. Die Speedmaster ist sozusagen nur echt mit

- Hesalite Plexiglas Uhrglas
- Lemania Uhrwerk
- Handaufzug

Diese Argumentation gilt im Übrigen – und deshalb führen wir sie in dieser Ausführlichkeit an – in Variation für alle Ikonen, sei es die Rolex 'Submariner', die AP 'Royal Oak' oder die Patek 'Calatrava'. Ikonen sind perfekt und sie zu verbessern, verschlechtert sie nur, macht sie unecht. Ikonen sind nicht unbedingt irrational, aber sie haben eine Eigenschaft, die über allen anderen steht: sie sind Ikonen.

Alle anderen Varianten sind teils mehr, teils weniger gelungen, aber vor allem ein großes Fragezeichen beim Werterhalt.

Abbildung 6.2: Gelungene Varianten der 'Speedmaster': '57', 'Apollo 8', 'Tokyo 2020'

Dem Design-Trend nach alten Uhren mit vergilbten Leuchtmassen folgend, ist die 'Speedmaster 57' im Trend der Zeit und gibt glaubhaft den Urvater der Speedmaster-Reihe noch vor der Monduhr wieder. Auch wenn es sich hier freilich um eine Hommage handelt, was bedeutet, die Uhr ist freilich nicht das Original, das sie vorgibt zu sein, was trotz ihres gelungenen Aussehens ihren Coolness-Faktor schmälert und sie als Investment fragwürdig macht. Nur Echt ist echt.

Nachdem man sich verzettelt hatte und nach der erfolgreichen 'Dark Side of the Moon', eine Speedmaster in 44 mm Gehäuse aus schwarzer Keramik, mit einem schwarzen Zifferblatt am schwarzen Nylon Armband meinte, man müsse nun die 'Light Side of the Moon' und die 'Grey Side of the Moon' und noch diverse andere Seiten des Mondes nachschieben, sodass man schon fragen musste, wieviele Seiten der Mond eigentlich hat... gelang mit einer Variante der 'Dark Side...', der 'Apollo 8' mit teilskelettiertem Zifferblatt und gelben Farbakzenten ein weiteres Design-Highlight mit dem Zeug zum Klassiker.

Ebenso hat die 'Limited Edition Tokyo 2020' mit dem Panda-Zifferblatt (schwarze Sub-Anzeigen auf einem weißen Blatt) das Zeug zum großen Klassiker, nicht zuletzt wegen ihrer großen Ähnlichkeit zum Mythos Rolex 'Paul Newman' Daytona, ohne diese aber billig zu kopieren, sondern in Essenz sie selbst zu bleiben.

Man kann generell sagen, dass die Design-Abteilung von Omega Höchstleistungen vollbringt. Jahr für Jahr werden Dutzende neuer Designs vorgestellt, von denen viele sehr gut funktionieren und großartig aussehen. Die Design-Abteilung von Rolex scheint verglichen damit gar nicht zu existieren. Manche Farbversionen, die Rolex vorstellt scheinen eher von 8-Jährigen Farbteufeln entworfen zu sein.

Und doch ist das Vorgehen von Omega die falsche Politik, will man Ikonen kreieren. Die vielen neuen Designs verwässern und verwischen den klaren Blick auf das was wirklich zählt: und das ist im Fall der Speedmaster, dass Omega die einzige offizielle NASA zertifizierte Uhr gebaut hat und seither herstellt. Darauf lässt sich aufbauen. Daraus sind Ikonen gemacht.

Seamaster

Die Seamaster-Linie war ursprünglich eine der ersten drei Taucheruhren, die in den 1950er Jahren vorgestellt wurden, als Jacques Cousteau gerade das Druckluft-Atemgerät erfunden hatte.

Es streiten sich die Gelehrten, ob nun die Rolex 'Submariner', die Blancpain 'Fifty Fathoms' oder die Omega 'Seamaster' – oder auch eventuell, die bereits 15 Jahre zuvor von Rolex entwickelte, aber dann nur inoffiziell an die Achsenmacht Italien als Taucheruhr für die Italienische Marine ausgelieferte und daher als Panerai 'Radiomir' in die Geschichte eingegangene Uhr die erste richtige

Taucheruhr war.

Fakt ist, Omega war ganz am Anfang mit dabei und das durchaus erfolgreich.

Abbildung 6.3: Omega: 'Seamaster': 'Professional', 'Planet Ocean', '300'

Mit den heutigen Seamaster-Modellen hat all das freilich kaum mehr etwas zu tun. Die aktuellen Modelle, die sich in Design und Bauweise komplett von der Ur-Seamaster aus 1956 unterscheiden, leben lediglich von Name und Ruf dieser altehrwürdigen Linie. Und das zeigt sich auch darin, wer heute alles den Titel 'Seamaster' bei Omega verpasst bekommt. Da finden sich Uhren völlig unterschiedlichen Designs, einige sind nicht einmal wirkliche Taucheruhren. Omega verschleißt seine ikonischen Namen durch zu viel Beliebigkeit mit der man sie an zu unterschiedliche Modelle vergibt.

Viel wichtiger ist da schon, dass die 'Seamaster Professional' von 1998 1. eine von James Bond höchst persönlich getragene Uhr war und 2. Omega vor der nahenden Pleite bewahrte und 3. Designtechnisch ein großer Wurf ist, was sie auch 20 Jahre später noch zu einer beachtlichen Schönheit macht.

Die später auf diesen Erfolg hin nachgeschobenen 'Seamaster Planet Ocean', die dem Trend zu größeren Uhren folgte und die 'Seamaster 300', die dem Trend zu alten Uhren nachlief und ebenfalls von James Bond benutzt wurde, sind durchaus gelungene Vertreter ihrer Zunft. Ob sich eine von beiden zu einem Design-Klassiker entwickeln wird, wie die 'Professional' von 1998 steht in den Sternen, ist aber durchaus denkbar. Mit einem moderaten Preisbereich von um die 5.000 - 6.000 Euro möglicherweise durchaus brauchbare Investments mit dem Ziel des Werterhalts und einer gewissen Streuung, Beimischung, Variation – jenseits von Rolex, Rolex und immer nur Rolex.

Speaking of which...

Rolex

Nachdem Omega relativ schnell abgehandelt war, kommen wir nun zum Meister aller Meister der gesuchten Sammlerstücke und Werterhaltenden Modelle: Rolex.

Abbildung 6.4: Rolex Ikonen: 'Submariner', 'GMT Master II', 'Daytona'

Rolex macht, was den Werterhalt seiner Uhren angeht seit langem alles und auch neuerdings immer noch vieles richtig.

Die Menschen wollen keine Uhr, die ihr Gesicht jedes Jahr ändert. Sie wollen Vertrautheit, Verlässlichkeit. Wer sein Design und seine Technik jedes Jahr ändert sagt auch, dass das letzte Jahr schlechter war und nicht perfekt. Denn nur Imperfektion braucht Verbesserung, Perfektion braucht keine Veränderung.

Viele Hersteller versuchen dagegen beständig neues am Markt zu präsentieren. Neue Modelle, neue Varianten, neue Designs. Sie buhlen um Aufmerksamkeit.

Das aber senkt den Wert der Modelle aus dem letzten Jahr, denn die sind zwar objektiv nicht zwingend veraltet, kommen durch die veränderten neuen Modelle aber so am Markt an. Omega zerstört sozusagen jedes Jahr aufs neue den Sammlerwert seiner vorjährigen Modelle durch die vielen Neuen. Die Modelle, die ihren Wert erhalten sind auch bei Omega die, die seit Jahrzehnten unverändert gebaut werden.

Rolex tut all das nicht. Rolex verändert Nuancen, unsichtbare Technik, kleine Details. Niemals das Gesamtaussehen, niemals die Formensprache. Diese bleibt nicht selten über Jahrzehnte nahezu zum Verwechseln gleich. Neue Modelle kommen bei Rolex praktisch nie auf den Markt, veränderte Designs finden sich höchstens ein paar wenige, aber fast nie bei ihren Ikonen, die bleiben auf Jahrzehnte hinaus beinahe komplett wie sie sind. Unverändert, wie der Fels in der Brandung. Verlässlich.

Und auch dies sagt etwas. Es sagt: was 1960 perfekt war, war auch 1980 perfekt und ist auch heute noch perfekt. Perfektion braucht keine Veränderung. Perfektion bleibt Perfektion. Perfektion, das ist nur ein anderes Wort für Rolex.

So in etwa.

Submariner

Die mit weitem Abstand gefragtesten und damit wertstabilsten Modelle bei Rolex sind stets die Stahl-Modelle. So auch in der Submariner Reihe.

Abbildung 6.5: Kontinuität: Rolex Submariner von 1980, 2000, 2020

Die Submariner ist praktisch das kleine ein-mal-eins des Uhrenkenners und damit auch des Uhren-Investors. Die Submariner kann man nicht umgehen und nicht ignorieren. Die Sub ist praktisch die bedeutendste Sammleruhr der Welt.

Die Varianten der Submariner unterscheiden sich nur in Details. Und diese Veränderungen sind in guter Spezialuhrentradition nahezu immer durch Veränderungen der Technologie oder der besseren Anwendbarkeit movitiert, etwa die Keramik-Lünette, die größeren Leuchtmarker zur besseren Ablesbarkeit, niemals durch reine Änderungen im Design. Rolex Uhren sind streng Anwendungsorientiert – und das gibt ihnen eine so ernsthafte, nicht-spielerische, no-nonsense, erwachsene Aura, gegen die viele andere Uhren wirken wie aus dem Spielzeugladen. Und diese Aura hat Stil, ist cool, sie ist der Unterschied für den Träger, ob er einen Plastik-Hubschrauber von Playmobil hat oder einen Pilotenschein. Es unterscheidet die Jungs von den Männern. Das transportiert Rolex.

Die Submariner gibt es in einer ursprünglichen Variante, eine schlichte drei-Zeiger-Uhr mit einer Taucherlünette. Seit 1968 ist sie auch in einer Version mit Datum und der für Rolex sehr charakteristischen Datumslupe zur besseren Lesbarkeit erhältlich. Damit man unter Wasser immer weiß, welcher Tag heute ist.

Abbildung 6.6: Kontinuität: Rolex Submariner mit Datum von 1980, 2000, 2020

Darüber hinaus gibt es die Sub in Stahl/Gold für den gehobenen Geldbeutel und in Gelbgold und Weißgold für den vollen Geldbeuteil.

Das war es schon. Es gibt noch ein paar wenige Farbvarianten, wie die 50 Jahre Sonderedition mit grüner Lünette (denn grün ist die Corporate Identity Farbe von Rolex) und nachfolgend die

'Hulk' mit leuchend grüner Lünette und ebenso leuchtend grünem Zifferblatt. Das muss einem freilich gefallen. Ansonsten hält man es gerne schlicht in schwarz in schwarz – oder hie und da mal mit weißem Zifferblatt.

Abbildung 6.7: Mut zur Farbe: Rolex Submariner 'Bluesy', 'Smurf', 'Hulk'

Wider Erwarten ist die 'Hulk' eine der gesuchtesten Submariner-Modelle. Die 'Bluesy' hatte ihren Auftritt in den späten 1980er Jahren und ist bis heute eine gelungene und wunderschöne Uhr. Die 'Smurf' dagegen geht den Weg aller Edelmetall-Varianten und taugt zum moderaten Werterhalt, aber nicht mehr.

Parallel dazu können wir feststellen: es gibt bei Rolex in dem Sinne keine 'gelungenen Varianten' wie wir dies weiter oben bei Omega ausgewählt haben. Es gibt ohnehin kaum Varianten eines Modells und meistens sind beide dann außerordentlich gelungen. Mit nur wenigen Ausnahmen mit zu viel Farbe – aber auch da scheiden sich die Geister.

All diese Modelle sind ein guter Kauf. Auch die alten Modelle aus den 1990er, 1980er und 1970er Jahren. Doch diese haben ihren Preis weil sie seit einiger Zeit als Liebhaberstücke gelten und entsprechend teils deutlich teuerer sind als ihre neuen Pendants. Eine neue Sub kostet heute etwa Listenpreis 6.000 Euro, Marktpreis derzeit aufgrund der Verknappung 9.000 Euro – eine Plexiglas Sub von 1980 eher 12.000 Euro, in außerordentlichen Liebhaberfällen auch 20.000 oder 30.000 Euro.

Viele Rolex Modelle hatten bis vor kurzem keine Eindeutigen Bezeichnungen. Auch die bei Rolex üblichen Modellnummern, etwa

'Ref. 116610' sagt nichts über Farben aus, lediglich über das Modell und das Gehäuse-Material.

Daher haben sich für viele Rolex-Modelle am Markt 'Kosenamen' eingebürgert. Etwa 'Sub' für die Submariner, 'Hulk' für die Submariner in Grün, 'Smurf' für die Submariner in Blau, 'Kermit' für die Jubiläums-Submariner mit grüner Lünette, 'Bluesy' für die Stahl/Gold Submariner mit blauem Blatt und blauer Lünette. So weiß jeder, welches Modell gemeint ist, während Rolex selbst sich offiziell nicht mit solchen Kleinigkeiten aufhält. So gibt man den Kunden etwas zu tun und etwas, womit sie sich beschäftigen können.

Immerhin hat sich dies bei den neuesten Modellen etwas verändert. Die Aktuelle Stahl Pepsi heißt dann doch 216710BLRO, BL=bleu (franz. für blau), RO=rouge (franz. für rot) und analog die 'Batman' BLNR, NR=noir (franz. für schwarz).

Speaking of which...

GMT Master II

Schalten wir nun was den Wahnsinn angeht einen Gang höher, so kommen wir zur Submariner mit GMT Funktion, der 'GMT Master'.

Die GMT Master war die Uhr von 'Pussy Galore', dem Bond-Girl und Pilotin aus Goldfinger. Außerdem hatte Thomas Magnum eine 'GMT Master II' bei der Verbrecherjagt auf Hawaii dabei. Nicht zu vergessen die GMT Master in Rosegold mit braunem Zifferblatt ('Tigerauge'), die Clint Eastwood auch im Wilden Westen unter dem Poncho trug. Und zu guter Letzt trugen Prominente des Rennsports wie Luca di Montecemolo und Niki Lauda immer und überall gut sichtbar ihre GMT Master.

Aber warum gut sichtbar?

Weil das Hauptmodell der 'GMT Master II' die (Kosename) 'Pepsi' ist, also die mit rot/blauer Lünette. Von wenigen Nachahmern abgesehen, ist diese Farbkombination prominent auf der Lünette ein auf hunderte Meter weithin eindeutig sichtbares Erkennungsmerkmal dieser Uhr.

Und auch wenn viele ältere Modelle der 'GMT Master II' ihre Freunde und Sammler haben, so gibt es hier klar eine Ikone: die

Ref. 16710 'Pepsi'.

Abbildung 6.8: Rolex GMT Master II Ref. 16710: 'Pepsi', 'Coke', 'Black'

Im Laufe der Jahre gab es von der GMT Master II nicht nur verschiedene Bauformen (die sich aber alle für das unbedarfte Auge zum verwechseln ähneln), es gab auch verschiedene Farbvarianten. Für die Ref. 16710 waren das: blau/rot (Pepsi), schwarz/rot (Coke) und schwarz/schwarz, die zu Unrecht wegen ihrer Ähnlichkeit zur Submariner immer etwas unbeachtet bleibt.

Aber 'unbeachtet' ist gut, denn hier verbirgt sich die Chance für den Anleger. Und so war es auch. Zwischen 2014 und 2018 stiegen alle GMTs der Ref. 16710 im Preis enorm an. Alle beinahe um 80%. Auch die 'Schwarze', die es zuvor aber günstiger zu kaufen gab.

Erst in neuerer Zeit hat der Hype um die 'Batman' (mit blau/schwarzer Lünette) der Pepsi etwas den Rang abgelaufen und die neuen Keramik-GMTs ins Zentrum des Hypes gerückt.

Und seit man die 'Pepsi' neu in Stahl aufgelegt hat, diesmal wie die der 'Batman' nachgefolgten 'Batgirl' mit dem Jubilee Armband, ist die Uhrenwelt nicht wieder in Ordnung, sondern völlig aus dem Häuschen. Auch hier zahlen Sammler, Enthusiasten und Reiche für eine neue GMT mehr als das Doppelte des Listenpreises.

Nüchtern betrachtet derzeit kein gutes Investment. Denn der Listenpreis wird sich Rolex-typisch nur wenig ändern, der Marktpreis sich aber irgendwann, wenn das Verhältnis zwischen Angebot

Abbildung 6.9: Rolex GMT Master II Ref. 216710: 'Pepsi', 'Batgirl', 'Batman'

und Nachfrage nicht mehr so extrem ist wie derzeit, wieder am Listenpreis orientieren.

Zu dieser Referenz gibt es einiges zu sagen. Diese Details haben wir bereits in unserem Band 'Rolex Uhren' genau beschrieben, weshalb wir an dieser Stelle, um nicht redundant zu werden, auf dieses Buch verweisen.

Daytona

Die Geschichte der 'Daytona' ist eine voller Irrtümer, Absurditäten und Besonderheiten. Die Geschichte der Daytona ist der Stoff aus dem die großen Heldenmythen gestrickt sind. Mit der 'Daytona' haben wir die Realität endgültig hinter uns gelassen und sind eingetreten in das Reich des Wahnsinns.

Ursprünglich heißt diese Uhr Rolex 'Cosmograph' und wie man daran bereits erkennen kann, wurde sie in den 1960ern von Rolex entworfen, ein wenig eilig, um gegen die Omega 'Speedmaster' im Wettstreit um die Monduhr anzutreten. Nun, die Speedmaster gewann... und die Rolex 'Cosmograph' wollte keiner haben. Es wurden nur sehr wenige davon gebaut – und noch weniger verkauft. Die Uhr war ein Ladenhüter bis... bis die Frau von Schauspieler Paul Newman eine kaufte und sie ihm schenkte. Fortan trug der Hobby-Rennfahrer Newman diese Uhr.

Zwischenzeitlich hatte Rolex versucht durch den quasi inhouse-Kosenamen 'Daytona', die Uhr, wenn schon nicht auf dem Mond, so doch wenigstens im Autorennzirkus zu etablieren. Aber auch das gelang nicht und Heuer und Longines hatten hier die Nase vorn.

Die Uhr blieb weiterhin ein Ladenhüter. Doch dann, 1988 – Rolex hatte schon immer einen langen Atem – wurde aus dem hässlichen Entlein unversehens der Schwan.

Abbildung 6.10: Rolex Daytona mit schwarzem Blatt von 1988 (Ref. 16520), 2000 (Ref. 116520), 2017 (Ref. 116500)

1988 stellte Rolex mit der Ref. 16520 eine komplett neue 'Cosmograph' vor. Und diesmal hatte sie kein ETA-Uhrwerk von der Stange, wie die alten Modelle, sondern das weltweit erste und damit modernste Chronographenwerk mit Automatikaufzug, das zu bekommen war, das 'El-Primero' von Zenith. Und die neue, weiterhin stur 'Cosmograph' genannte Uhr, obwohl jeder sie nur die 'Daytona' nannte, kam in zwei Geschmacksrichtungen: mit weißem Zifferblatt und mit schwarzem Zifferblatt.

Das Design kam an und der Automatikaufzug war modern. Und so stellten sich brauchbare Verkaufszahlen ein. Doch ach…

Zenith war nur eine kleine Manufaktur und konnte nicht genügen El-Primero-Werke liefern, sodass Rolex die große Nachfrage nicht bedienen konnte. Schnell bildeten sich Warteschlangen und es entstand der Mythos um die 'Daytona'. Die Warteliste. Die Rede war stets von 10 Jahre Wartezeit, bis man eine bekommen konnte.

In Wahrheit war dies freilich mit der Überarbeitung des El-Primero-Modells 1999 bereits Geschichte, denn inzwischen hatte Rolex ein eigenes hervorragendes und sehr flach und elegant bau-

Abbildung 6.11: Rolex Daytona mit weißem Blatt von 1988 (Ref. 16520), 2000 (Ref. 116520), 2017 (Ref. 116500)

endes Chronographen-Automatik-Werk entwickelt und brauchte nicht mehr auf Zenith zu warten.

Doch man hatte erkannt, dass eine Warteliste und 10 Jahre Wartezeit auf eine Uhr ein hervorragender Mythos sind, um Begehrlichkeit zu wecken.

Und so blieb man dabei.

Und mit der Ankunft der 'neuen Daytona' mit schwarzer Keramik Lünette, der Ref. 116500, explodierte die Nachfrage nach dem Mythos förmlich. Inzwischen war die Original 'Paul Newman' Daytona für nicht weniger als 15 Millionen Euro versteigert worden. Damit wurde die 'Paul Newman' Daytona, also jener Ladenhüter aus den 1970ern, zu einer, wenn nicht *der* begehrtesten Uhr auf dem Planeten. Auch für nicht von Paul Newman persönlich besessene Exemplare wurden zwischenzeitlich weit über 100.000 Euro bezahlt.

Es gab also nun 4 Varianten der Daytona:

1. die alte aus den 1970ern, die extrem selten war, weil kaum Stückzahlen verkauft werden konnten

2. die El-Primero Daytona aus den 1990ern, die sehr selten war, weil Zenith nie genügen Werke liefern konnte, um die Nachfrage zu befriedigen

3. die Daytona mit Rolex-Werk aus den 2000ern, die selten war,

weil Rolex bei dem Mythos der Warteliste blieb

4. die Keramik-Daytona aus den 2010ern, die nun auch selten wurde, weil nach dieser Jahrzehntelangen Tortur jeder Uhren-Enthusiast auf dem Planeten eine Daytona haben wollte, Rolex aber bei der Warteliste bis heute bleibt

Die Keramik-Daytona gibt es heute durchaus zu kaufen. Und zwar zum doppelten des von Rolex angegebenen Listenpreises, der bei 11.800 Euro liegt. Am freien Markt bekommt man eine Daytona nicht unter 24.000 Euro.

Als Investor muss man bei einer solchen Preisstruktur durchaus die ketzerische Frage stellen, ob diese Preise noch überboten werden, sprich, ob man in dieser Situation eine 'Daytona' nicht viel zu teuer einkaufen würde. Jeder erfahrene Händler weiß: der Gewinn liegt im (günstigen) Einkauf.

. . . mehr Ikonen

Abbildung 6.12: Rolex Ikonen, Teil 2: 'Explorer', 'Explorer II', 'Sea-Dweller'

Diese Drei sind gewissermaßen 'unklassisch', da Rolex bei allen Dreien eine erhebliche Vergrößerung des Gehäuses vorgenommen hat, die – nun – ihre Freunde erst finden musste.

Explorer

Die Explorer ist sozusagen die klassische Rolex Sport-Uhr, die, mit der alles begann. Alle folgenden sind nur Varianten der Explorer, die Submariner ist eine Explorer mit Taucherlünette, die GMT eine Submariner mit zweiter Zeitzohne, die Explorer II eine Explorer mit 2. Zeitzone, die Sea-Dweller eine Submariner mit höherer Dichtigkeit für größere Tauchtiefen, die Yachtmaster eine Submariner mit Edelmetall und neuem Design... Die Wurzel aller dieser Modelle ist aber die 'Explorer'.

Wie für eine Ikone richtig und für Preisstabilität essentiell gibt es von der 'Explorer' genau eine Version: Stahl, schwarzes Zifferblatt. Kein Schnickschnack. Keine Sondermodelle. Eine Explorer... ist eine Explorer.

Abbildung 6.13: Rolex Explorer von 1985 (Ref. 1016), 2005 (Ref. 114270), 2016 (Ref. 214270)

Und auch die Varianten der Vergangenheit zeigen wenig Veränderung. Alle Varianten sind exquisite, einfache Uhren. Und selbst wenn die alten Versionen mit 36 mm heute gegen den Trend ungewöhnlich klein sind, so ist doch die alte Ref. 1016 für viele Sammler die ultimative Explorer. Aber auch die moderne auf 39 mm vergrößterte Ref. 214270 hat ihre Berechtigung und ihren zeitgemäßen moderneren Charme.

Allerdings ist die Explorer tatsächlich nicht so gefragt, wie die anderen Ikonen, was wohl an ihrer Zurückhaltung liegt. Die Explorer ist, aufgrund der abwesenden Datumslupe, eine der wenigen Rolex-Modelle, die nicht sofort als solche identifiziert werden können. Und manch ein Sammler mag argumentieren »Was brauche ich eine Rolex, wenn sie nicht ausschaut wie eine.«

Darüber hinaus hat die Explorer außer einem Sekundenzeiger keine Komplikation und ist deshalb von Rolex relativ unkompliziert zu fertigen. Selbst in der momentanen Verknappung lies Rolex vernehmen, dass man ab Winter 2019/2020 wieder vermehrt die einfachen Modelle ohne Komplikationen liefern können würde.

Für den Investor besteht freilich immer dort ein gewisses Potential zur Wertsteigerung, wo der momentane Fokus des Marktes gerade *nicht* liegt. Unter diesem Aspekt betrachtet mag die Explorer eine durchaus gute Investition sein. Auch die neue mit 39 mm.

Explorer II

Die Explorer II gilt als das wenigsten nachgefragte Rolex Sportmodell.

Und es ist offensichtlich, warum. Das Design der Explorer II wurde in den 1980ern grundlegend verändert und bis heute – mit jenem 80er Jahre Beigeschmack – beibehalten.

Abbildung 6.14: Rolex Explorer von 1975 (Ref. 1655), 1985 (Ref. 16570), 2015 (Ref. 216570)

Und trotzdem ist die Explorer II von allem Anfang an eine jener No-Nonsense Stahl-Sport-Uhren, die mit voller Ernsthaftigkeit ein Werkzeug für Abenteurer sein will.

Ebenso wie die aus derselben Zeit stammende Überarbeitung der Daytona, wird die Explorer seither mit schwarzem und weißem Zifferblatt angeboten.

Viele Sammler ziehen die weiße 'Polar' vor, da es schon viele Uhren mit schwarzem Zifferblatt gibt.

Die Explorer II mag heute aus zweierlei Gründen ein gutes

Abbildung 6.15: Rolex Explorer mit weißem Blatt von 1985 (Ref. 16570), 2015 (Ref. 216570)

Investment sein: 1. ist sie besser als ihr Ruf und 2. wird es wohl in den kommenden Jahren eine Überarbeitung mutmaßlich mit einer Keramik-Lünette, ähnlich wie bei der Daytona geben. Dann werden die bisherigen Modelle in den Fokus der Rolex-Sammler rücken und darüber hinaus alle bisherigen Modelle mit der Stahl-Lünette zu begrenzt verfügbaren Sammlerstücken mutieren. Hier kann man also, wenn man mag, auf eine Zunahme des Wertes spekulieren.

Sea-Dweller

Welche Uhr nun die Sea-Dweller ist, ist gar nicht so einfach zu sagen. Denn bei kaum einer anderen Uhr hat Rolex im Laufe der Jahre einen derartigen Slalomkurs beschritten wie bei der Profi-Submariner.

Das Bild gibt eine nicht ganz realistische Entwicklung der Sea-Dweller Familie wieder. Nachdem das 40 mm Modell Ref. 16600 praktisch seit den 1970ern unverändert gebaut worden war, entschied man sich bei Rolex zu einem harten Schnitt und wollte zugleich zeigen, was technisch möglich war. Der Nachfolger der 16600 war die 116660, die Sea-Dweller 'Deep Sea'. Eine extreme Uhr der Superlative: Wasserdicht bis 4000 m Tiefe, Keramik-Lünette, 44 mm Duchmesser, 18 mm dick, ein echter 'Klopper' am Handgelenk. Viel zu weit entfernt von der Gehäusebauform mit 40 mm

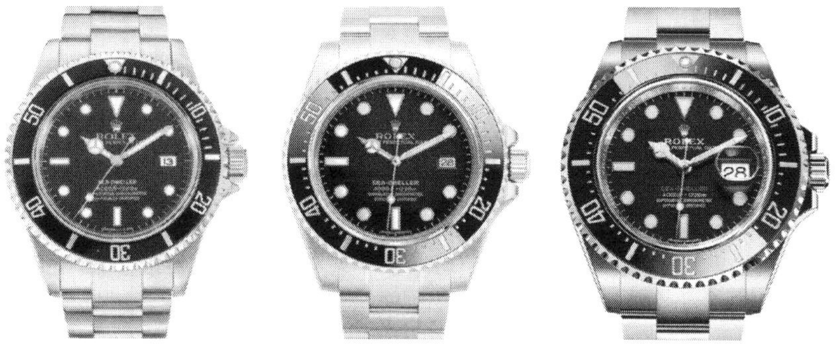

Abbildung 6.16: Rolex Sea-Dweller von 1990 (Ref. 16600), 2012 (Ref. 116600), 2018 (Ref. 216600)

Durchmesser, an die man sich in den vergangenen 50 Jahren aber gewöhnt hatte.

Abbildung 6.17: Rolex Sea-Dweller 'Deep Sea' Ref. 116660, Sondermodell 'James Cameron', Sea-Dweller Ref. 126603

Für viele konservative Rolex-Käufer schlicht zu groß, zu schwer, zu extrem. Die 'Deep Sea' verursachte Kontroversen, die einen liebten sie, die anderen hassten sie, wie das bei extremen Dingen so der Fall zu sein pflegt. In jedem Fall erzeugte Rolex mit der Deep Sea Wirbel und Aufmerksamkeit für die bis dahin im Schatten der Submariner beinahe unbeachtet vegetierende Sea-Dweller Reihe.

Also machte man den Salto rückwärts und brachte *parallel* zur 'Deep Sea' eine konventionellere Sea-Dweller, die Ref. 116600 genannt 'Sea-Dweller 4000', die bis 1200 m = 4000 Fuß wasserdicht, mit Keramik-Lünette ausgestattet, aber mit klassischen 40 mm Durchmesser eine eher traditionelle Sea-Dweller war. In Anspielung an die 4000 Meter Tauchtiefe erhielt diese den Kosenamen 'Sea-Dweller 4k'.

Doch die musste sehr bald, schon nach 3 Jahren, dem Jubiläumsmodell, der nun 43 mm messenden Sea-Dweller Ref. 126600 weichen, der ersten Sea-Dweller mit Datumslupe. Und in Anlehnung an die 'Sea-Dweller 4k' nannte man diese, referenzierend auf das 50 Jährige Jubiläum 'Sea-Dweller 5k'. Aber war dieses Modell wirklich das Jubiläums-Modell? Oder einfach nur eine neue Version...

...denn dann kam doch noch das Jubiläums-Modell der Sea-Dweller, die Version in Stahl/Gold, die Ref. 126603 ein Jahr zu spät: nämlich zum 51. Geburtstag in 2019.

Bei der Sea-Dweller ging offensichtlich einiges durcheinander, aber das birgt für den Investor freilich Möglichkeiten und Potentiale.

Hier noch einmal der chaotische Verlauf der Entwicklung:

1968 Submariner Sea-Dweller, 40 mm

1988 Sea-Dweller Ref. 16600, 40 mm

2008 Sea-Dweller 'Deep Sea' Ref. 116660, 44 mm

2012 Sea-Dweller 4000 Ref. 116600, 40 mm

2018 Sea-Dweller 5k Ref. 216600, 43 mm

2019 Sea-Dweller Stahl/Gold Ref. 126603, 43 mm

Fazit

Rolex vereint in einzigartiger Weise eine große Anzahl von Ikonen und Sammlerstücken – wir zählen allein 6 Modelle mit diversen historischen Varianten, verglichen mit 2 bei Omega) zu einem Preis, der für viele Sammler und Anleger der Sweet Spot ist, unter 10.000 Euro resp. um die 10.000 Euro.

Freilich baut Rolex eine Vielzahl anderer Uhren. Etwa unter den Stahl-Sportmodellen, die Air-King, die aktuell mit dem für meine

Begriffe hässlichsten Zifferblatt der Uhrengeschichte aufwartet. Dann gibt es die weitgehend unbeachtete Millgauss, eine Explorer mit Schutz gegen Magnetfelder, eine obsolete Uhr und entsprechend kaum ein gutes Investment.

Im oberen Segment findet sich die Sky-Dweller, eine Edle Jahreskalender-Uhr mit gutem Design, das mit der charakteristischen gewellten Lünette in Weißgold an die Datejust angelehnt ist, vielleicht ein zukünftiger Klassiker.

Abbildung 6.18: Rolex Yachtmaster Ref. 116610 mit Platin-Blatt, mit Rhodium-Blatt, Sky-Dweller Ref. 326934

Bereits heute ein Klassiker aber so gut wie unbeachtet, ist die Yacht-Master. Ursprünglich ein Nachfolge-Design der Submariner, ist sie tatsächlich ein so gelungenes, aber von der Optik der Submariner auch so weit abweichendes Modell, dass es zurecht eine eigene Modellreihe bekam. Auch hier schlummert Potential. Nach meiner Ansicht ist die Yachtmaster eines der schönsten Rolex Modelle überhaupt.

Abbildung 6.19: Rolex Yachtmaster Ref. 116610 mit Platin-Blatt

Für weitergehende Informationen über diese für die Uhrenwelt so enorm wichtige und zentrale Marke, haben wir Rolex freilich einen eigenen, sehr ausführlichen Band gewidmet:

mehr dazu in…

Rolex Uhren

4/5 Sterne **** Tolle Informationen: »Die Informationen haben mir sehr geholfen…«

5/5 Sterne ***** Ein sehr gutes Buch: »Eine sehr gute und kompakte Zusammenfassung, wenn man in kurzer Zeit viel über Rolex erfahren möchte.«

5/5 Sterne ***** Lesenswert und zu einem fairen Preis: »Dieses Buch ist eine sehr nützliche und klar geschriebene Einführung für jeden, der sich für Rolex-Uhren interessiert. Alle modernen und viele wichtigen Vintage-Uhren sind abgedeckt. Das kompakte Format ist sehr praktisch.«

5/5 Sterne ***** »Sehr gut!«

»Tolles Buch, sehr unterhaltsam.«

'Rolex Uhren' finden Sie hier...
denk-verlag.de/rolex-uhren

Auch als Hörbuch:
denk-verlag.de/uhren/rolex-uhren-audio

Audemars Piguet

AP hat mit der Royal Oak den großen Wurf der Uhrengeschichte getan. Und auch wenn man händeringend versucht sich von diesem Ruf, den man offenbar auch als Fesseln empfindet zu lösen, man wird die Geister, die man mit Star-Designer Gerald Genta rief nicht mehr los.

Abbildung 6.20: Audemars Piguet Ikonen: 'Royal Oak' und 'Royal Oak Offshore'

Aber wozu auch. Auch wenn man dadurch Design-technisch auf die Ingredienzien der Royal Oak beschränkt ist, gelangen doch über die Jahrzehnte viele ansehnliche Varianten.

Und das Mitglied der 'Heiligen Dreieinigkeit' Audemars Piguet ist freilich eine jener heiligen Kühe, die sich vieles erlauben können. Ganz ähnlich wie Rolex kreiert AP immer wieder provokante Designs, geht der gesamten Uhrenindustrie voran und kreiert ganze Trends, die dann von allen anderen (außer von Rolex und Patek) adaptiert werden.

Was sicherlich mit der gehobenen Kundschaft zusammenhängt, die es sich einfach leisten können, mal eben eine laute und provokante Uhr für 25.000 Euro zu kaufen, die vielleicht im nächsten Jahr schon nicht mehr 'in' ist.

Die Ikonen von AP sind damit freilich die 'original' Royal Oak, insbesondere ihre sehr werkgetreue neueste Inkarnation, die 15202st, sowie die Neuauflage der Idee 'laut, dominant und provokant', die Royal Oak Offshore aus den frühen 1990er Jahren.

Während die Original Royal Oak in einigen homöopatisch veränderten Varianten existiert, gibt es die Offshore in wilden Farb- und Stilkombinationen, was wie üblich ihrem Status als Ikone schadet.

Abbildung 6.21: Audemars Piguet 'Royal Oak Offshore Diver' in Stahl, Keramik, Carbon

Dass AP jedoch die Offshore lange Jahre nur als Chronograph angeboten hat, ist schwer nachvollziehbar. Vielleicht wollte man sich möglichst deutlich von der klassischen Royal Oak absetzen. Doch dies ist sowohl (auch wenn Chronographen freilich cool sind) in technischer, wie optischer Hinsicht übertrieben und hat zudem dazu geführt, dass die Offshore, trotz ihrer immensen Präsenz als wenig robuste Uhr gilt, wohl kaum wegen dem Gehäuse, eher wegen der Anfälligkeit des filigranen Uhrwerks, das sie antreibt.

Viel später reduzierte man die Offshore auf eine einfache Drei-Zeiger-Uhr mit Datum und nannte diese Variante 'Offshore Diver'. Diese Linie läuft derzeit den zu astronomischen Höhen tendierenden AP-Preisen etwas hinterher, zu Unrecht, wie ich meine. Die 'Diver' ist wohl eher eine jener unterbewerteten Objekte, denen eine großartige Wertentwicklung erst noch bevorsteht.

Da auch die Diver eine große und schwere Uhr ist und praktisch nur mit leichtem Kautschuk-Band komfortable tragbar, gibt es Varianten mit Gehäusen aus innovativen Materialien, etwa die extrem seltene Version aus weißer Keramik, resp. die seltsam anmutende schwarze aus kohlefaserverstärktem Kunststoff.

Eine Erwähnung verdient hat auch die Royal Oak Chronograph. Obschon für sie das gilt, was für viele von Drei-Zeiger-Uhren abgeleitete Chronographen gilt: wozu? Wenn wir nach gelungenen und stimmigen 'Packages' suchen, die genau deshalb eine dauerhafte Nachfrage erfahren werden und damit einen stabilen Preis, so muss man stets auch fragen, welchen Zweck eine Komplikation denn wirklich hat. Und auch wenn die Royal Oak Chronograph optisch sehr ausgewogen ist und eine schöne Ergänzung für die klassischen Royal Oak, so ist sie doch zugleich gänzlich überflüssig. Wer einen Chronographen will, greift zu einem der Chronographen Ikonen Omega Speedmaster oder Rolex Daytona oder der Breitling Navitimer.

Patek Philippe

Bei Patek Philippe nimmt die Bedeutung einzelner Modelle als Ikonen ab, denn Patek selbst ist die Ikone der Uhrenindustrie. Seit langem als die erste Adresse der Uhrenwelt und Top-Marke unter den drei Vertretern der 'Heiligen Dreieinigkeit' gehandelt, hat Patek einen nahezu völlig unantastbaren Ruf. Und jede Patek gilt als Ikone, jede Patek ist ein Meisterwerk.

Abbildung 6.22: Patek Philippe Ikonen: '5711 Nautilus', '5070 Chronograph', '5227 Calatrava'

Und doch hat freilich auch Patek Philippe eine Hierarchie von bekannteren und bedeutenderen Modellen und solchen, die eher die hinteren Plätze belegen.

Patek Philippe ist Aristokratie. Zurückhaltung, Distinguiertheit. Daher ist es fast schon seltsam, dass eine Stahl-Sport-Uhr wie die

'Nautilus' die berühmteste Patek Philippe ist.

Ansich ist die Calatrava, die in leicht veränderten Varianten seit 1930 gebaute formale Anzuguhr die klassische Patek Philippe. Ein schlichter Zeitmesser, ohne Schnickschnack, aber mit höchster Meisterschaft in allen Details gefertigt.

Doch auch wenn dies die Qualitäten sind, für die Patek Philippe steht, so muss man sich auch in diesem Traditionsunternehmen dem Zug der Zeit, wenigstens ein kleines Bisschen, öffnen. Und so stellte man der durchaus preislich anspruchsvollen Nautilus (derzeit in der Stahl-Version bei einem Marktpreis von ca. 60.000 Euro), die etwas moderatere 'Aquanaut' zur Seite. Sie benutzt klar eine ähnliche Formensprache und ein ähnliches Konzept wie die 'Nautilus', sogar dem Namen nach. Eine Taucheruhr eben.

Abbildung 6.23: Das Alpha und Omega von Patek: 'Aquanaut' und '5204 Grand Complication', '5109 Gondolo'

Und auch wenn ein solches Modell stets wirkt wie eine 'Nautilus für Arme', so ist dieser Einwand doch bei einer Uhr für um die 30.000 Euro sehr relativ. Eine Patek ist eben niemals eine Uhr 'für Arme'.

Die Aquanaut hat das Zeug zum Klassiker, vor allem seit sie nicht nur am Kautschuk-Band, sondern auch mit Stahl-Armband zu haben ist – sofern sie überhaupt irgendwo zu haben ist, denn die Stückzahlen von Patek Philippe sind äußerst begrenzt.

Viele Uhren von Patek Philippe sind einzigartige Meisterwerke der Uhrmacherkunst und allein deshalb schon in ihrem Wert stabil. Auch die Art-Deco 'Gondolo' oder die vielen über die beinahe 100

Jahre ihres Bestehens entstandenen Design-Varianten der 'Calatrava'. Sie sind die Picassos und Michelangelos der Uhrenwelt. Sie ragen heraus, sind unantastbar.

Kapitel 7

Die Klassiker

Klassiker sind praktisch die zweite, etwas breitere Linie hinter den Ikonen. Klassiker sind nicht unantastbar wie Ikonen, aber anerkannt und bekannt und damit nachgefragt und im Preis relativ stabil.

Klassiker werden von ihrem Hersteller, der möglichst ungebrochen seit seiner Gründung Uhren fertigt in möglichst ungebrochener Linie hergestellt. Hier finden wir die großen Namen der Uhrenbranche.

Abbildung 7.1: Ungebrochene Tradition: Jaeger-LeCoultre 'Reverso', Breitling 'Navitimer', IWC 'Big Pilot'

Etwa die 'Navitimer', mit der Breitling in den 1950er Jahren einen Chronographen für Piloten baute, mit dem man mit einem eingebauten Rechenschieber auf der Lünette, wichtige Berechnungen für Piloten direkt am Handgelenk durchführen konnte. Breitling blickt auf eine lange Linie von Chronographen zurück. Breitling hat in der Tat die Anordnung der Knöpfe *Start/Stop* oberhalb der Krone und *Reset* unterhalb erfunden und hat schon deshalb im Chronographenbereich einen besonderen Namen.

Ebenso baut IWC seit dem Krieg übergroße Uhren für Piloten im klassischen Design, angelehnt an die Optik der Anzeigeinstrumente eines Cockpits.

Und nicht zuletzt ist freilich die Jaeger-LeCoultre 'Reverso' ein nahezu einzigartiger Klassiker, seit seiner Erfindung in den 1930er Jahren kontinuierlich gebaut und verkauft.

Moderne Klassiker

Hublot, Panerai und Co.

Hublot hat mit der 'Big Bang' den klassischen Uhren einen modernen Klassiker hinzugefügt.

Abbildung 7.2: Kommende Klassiker? Panerai 'Luminor 1950 PAM422', Panerai 'Submersible PAM1305', Hublot 'Big Bang Unico Titanium'

Auch wenn auch die 'Big Bang' von erheblicher Versionitis geplagt wird, so hat sie sich doch einen festen Platz in der Uhrenwelt erarbeitet und aufgrund ihrer stilistischen Nähe zur 'Royal Oak Offshore', die aber absehbar immer weniger verfügbar sein wird, weil AP den Vertrieb zunehmend selbst übernehmen will, mag die 'Big Bang' als Ersatz-Befriedigung einen neuen Aufschwung erleben.

Ebenso hat Panerai, der Newcomer mit dem 'italienischen' Erbe und dem archätypischen Design sich einen festen Platz unter den schönen und berühmten erarbeitet. Sowohl die Panerai 'Luminor' Reihe, als auch die noch maskulinere 'Submersible', wird als Design-Highlight ihren Platz in der Uhrenwelt behalten und ist noch weniger daraus wegzudenken, als die 'Big Bang', die im Gegensatz zu den Panerai-Designs ja nur ein Ripp-Off der 'Offshore' ist und damit in Punkto Originalität etwas schwächelt.

Besonders die neuen Modelle von Panerai, mit Inhaus-Werk und den aufwändigeren neuen '1950' Gehäusen werden zunehmend eigenständige Uhren und Designs mit einem gewissen Kult-Potential.

Klassische Klassiker

Auch wenn diese Uhren alle heute nicht mehr gefertigt werden – oder gerade deshalb – sind sie gefragt und gesucht wie nie.

Abbildung 7.3: Vintage 1990er: Rolex 'Submariner' Ref. 16610, 'GMT Master II' Ref. 16710, 'Explorer II' 'Polar' Ref. 16570

Aber warum alte, kaputte Uhren? Alte, abgewohnte, vergilbte, teils mit Rissen und Sprüngen auf Zifferblatt und Uhrglas, Plexiglas statt Saphir, einfache Stahl-Gehäuse, robuste aber schlichte Uhrwerke, labbrige und abgetragene Armbänder. Warum?

Die Begeisterung für alte Uhren ging stark von Rolex und der Sammlergemeinde um die Kultmarke aus. Seit den späten 2000er Jahren hatte Rolex begonnen etwas zu tun, was man noch nie getan hatte, so lange man zurückdenken konnte: man veränderte das Design aller Rolex-Modelle (für Rolex Verhältnisse) radikal.

Abbildung 7.4: Vintage 1970er: Rolex 'Submariner' Ref. 1680, 'Explorer' Ref. 1016, 'Explorer II' Ref. 1655

Damit einher ging eine Spaltung der Rolex-Fangemeinde: die einen (wenige) fanden die neuen Designs ansprechend und gelungen, die anderen (viele) schauten mit Abscheu auf die neuen Modelle der GMT, der Explorer II und der Submariner mit neuer Keramik-Lünette, mit neuem Maxi-Zifferblatt und vor allem dem aufgeblasen und wenig elegant wirkenden Super-Case – und fanden dafür nur ein Wort: »Rolex hat *früher* einmal schöne Uhren gebaut.«

Und so wurden die alten Rolex Modelle mit den 5-stelligen Referenznummern, wie die Ref. 16710, die Ref. 16610 und die Ref. 16570 plötzlich zu einer ausgestorbenen Spezies, zu einem begrenzt verfügbaren Gut und damit wertvoll – was freilich Begehrlichkeiten weckte und die Nachfrage deutlich befeuerte.

Bald entsann man sich der Vorgängermodelle mit Plexiglas und radioaktiven Tritium, die 4-stelligen Referenznummern, etwa der Ref. 1680, der Ref. 1016 oder der Ref. 1655. Und einige zahlungswillige gingen sogar noch weiter zurück und begannen für alte Rolex-Modelle aus den 1960er Jahren hohe Summen zu bezahlen. Und das, obwohl diese Stücke ja nie Luxusuhren waren, sondern Gebrauchsuhren, Spezialuhren, heute Liebhaberstücke. Doch sie wurden Kult. Der 'Vintage' Markt war entstanden. Alles was alt war und alt aussah war 'in'.

Vintage

Die Sparte der Vintage-Uhren ist naturgemäß die umfangreichste. Denn sie umfasst im weiteren Sinne alle Uhren, die nicht mehr hergestellt werden und im engeren Sinn Uhren, die mindestens vor 1985 gebaut wurden. Allerdings ist sie auch die schmalste, denn viele alte Uhren existieren nicht mehr und viele andere sind beschädigt. Und viele sind durch Gebrauch 'individualisiert' worden, Einzelstücke mit einem ganz speziellen Muster von Abnutzung und Beschädigungen.

Abbildung 7.5: Vintage Merkmale: 1016 mit vergilbten Leuchtmarkern, 1680 mit Plexiglas, 6542 mit Gebrauchsspuren

Echte Vintage-Uhren lassen sich diese Eigenschaften attestieren:

- Uhrglas aus Plexiglas, nicht aus Saphir
- Leuchtmasse in Zeigern und Stunden-Markierungen aus radioaktivem Tritium und entsprechenden Verfärbungen ins Gelbe oder Orange
- Gebrauchsspuren und Materialermüdung sind kein Hinderniss

Vor ca. 1980 hatten die meisten Uhren ein Uhrglas aus Plexiglas, nicht aus kratzfestem Saphir. Plexiglas erscheint heute dem Außenstehenden nicht zeitgemäß, hat aber durchaus einige Vorteile, weshalb Uhrenkenner es schätzen: Plexiglas lässt sich zwar leicht verkratzen, aber auch leicht wieder polieren. Die Kratzer sind dann wieder weg. Plexiglas ist leicht, die Uhr wird dadurch leichter und komfortabler zu tragen. Und vor allem: Plexiglas ist schön! Die Lichtbrechungen des Plexiglas-Uhrglases haben ihren eigenen Charme – gut kennenzulernen, bei der Omega Speedmaster Monduhr, die ihrer alten Spezifikation aus den 1960ern folgend natürlich auch ein Plexiglas Uhrglas hat.

Vor 1999 hatten Uhren Leuchtmassen aus radioaktivem Radium und später dem radioaktiv unbedenklicheren Tritium. Diese radioaktiven Leuchtmassen in den Zeigern und auf den Stunden-Markierungen haben über die Jahre nicht nur ihre Radioaktivität verloren, sondern viele haben sich durch die Strahlung langsam verfärbt. Die meist gelben, orangenen oder braunen Verfärbungen werden von Vintage-Kennern als Individualisierung einer Uhr verstanden und als Schönheitsideal empfunden – weshalb auch viele neue Uhren heute mit gelblichen Leuchtmassen gebaut werden, um an dieses Schönheitsideal zu erinnern.

Solche alten Uhren werden als Objekte mit einer individuellen Geschichte begriffen. Daher sind leichte Beschädigungen, aber auch feine Haar-Risse in Uhrglas und auf dem Zifferblatt Teil dieser Geschichte, resp. ebenso wie die Verfärbungen der Leuchtmasse Individualisierungen, die wie die Flecke eines Koi-Karpfens, in ihrer Stimmigkeit und Schönheit bewertet werden. Besonders 'gelungene' Objekte werden entsprechend höher geschätzt und bepreist.

Freilich, auch die Wege dieser Ästhetik, wie alle hohe Kunst, erschließen sich einem nicht sofort, sondern wollen erworben, gelernt, erkannt und dann erst empfunden sein.

Ergänzend: Besprechungen weiterer großer Klassiker der Uhrenbranche sowie aussichtsreicher, gelungener Designs, die vielleicht eine große Zukunft erst noch vor sich haben, mehr bedeutende Uhren jenseits von Rolex, finden Sie in unserem Band 'Luxus Uhren'

Luxus Uhren

4/5 Sterne **** Gute Übersicht für jeden, der darüber nachdenkt, sich eine Luxusuhr zu kaufen: »Gute Übersicht über die relevanten Uhrenhersteller und ihre jeweilige Bedeutung. Einige herausragende Modelle werden besprochen. Argumente in Luxusuhren zu investieren werden angeführt. Gut zu lesen.«

4/5 Sterne **** »Die Informationen in diesem Buch sind sehr hilfreich.«

4/5 Sterne **** »Vier Sterne. Ansprechend.«

»Mir hat das Buch gefallen und jetzt muss ich eine Bank ausrauben, um mir eine Rolex oder eine Patek Philippe leisten zu können.«

»Das ist ein wirklich interessantes Buch. Ich bin bereit für Luxus.«

»Gute Ratschläge und Einsichten«

Das Buch finden sie natürlich auf unserer Website unter...
http://denk-verlag.de/luxus-uhren

Kapitel 8

Unterbewertete und Überbewertete

Freilich kann man jenseits dieser breiten ausgetretenen Pfade des Uhrenzirkus nach den unentdeckten Preziosen fahnden, nach den unterbewerteten Ikonen von morgen, nach den übersehenen Design-Highlights. Anwärter darauf gibt es viele, denn beinahe jede Uhren-Neuvorstellung zielt auf diesen ultimativen Status ab und bemüht all die Faktoren, von Erbe, Geschichte, Bedeutung ihrer Vorgänger und ihrer selbst – besonders im Fall von Nachbauten alter Großtaten. Denn bei einem Nachbau lässt sich die Geschichte und die Bedeutung (wohlgemerkt die *frühere*) Bedeutung dieses Modells besonders leicht nachweisen.

Große Erinnerungen

Nun ist die ganze Welt der mechanischen Uhren in sich ein Anachronismus. Auch wenn es gerne mit Zeitlosigkeit beschrieben wird, so ist die ganze Sache doch hoffnungslos von Gestern. Die Guten Alten Zeiten waren wenn überhaupt dann insbesondere für mechanische Uhren wahrhaft 'gestern'. Und so liegt es nahe, sich dieser Alten Zeiten zu erinnern, sie zu comemorieren und alte, erprobte, zeitlose, ehrwürdige, wunderschön altmodische Designs wiederaufzulegen.

Doch auch wenn dies der Megatrend dieser Jahre ist, so bleibt die Frage offen, ob damit Originalität, Identität und Sinn geschaffen wird, oder nur ein Markt bedient wird, der die Uhren bekommt, die er verdient.

Abbildung 8.1: Aufgewärmt von gestern: Omega 'Speedmaster Mk II', Tudor 'Black Bay 58', TAG Heuer 'Monaco'

Diese Uhren stehen nicht unbedingt für sich, sondern für etwas früheres, sie sind nur eine Hommage an eine einstmals große Zeit – die auch nur in der Rückschau groß war, weil all diese großen Werke uhrmacherischer Handwerkskunst früher nur Spezialuhren durchaus ohne Luxusanspruch waren.

Im Gegensatz zu den Unveränderten Ikonen wie der Omega Speedmaster Monduhr und der Rolex Submariner, haben all diese Modelle aber einen Bruch erlebt, der sie zu einer absichtlichen Fortsetzung, einer Erinnerung macht, aber vom Original signifikant trennt. Dieser Bruch ist entweder einer in der Firmengeschichte oder der Modellgeschichte. Aber etwas ist faul im Staate Dänemark.

Dieser Bruch besteht bei der Speedmaster Mk II etwa darin, dass sie 40 Jahre lang überhaupt nicht gebaut wurde, bevor sie ihre Wiederauferstehung erlebte. Und auch wenn es sich um eine attraktive Uhr handelt, mit einem klassischen Sci-Fi-70er Jahre Design, so ist es doch nur eine Hommage, eine Erinnerung, eine kauf-mich Uhr.

Rolex macht auch hier wieder etwas ein wenig besser als die anderen. Rolex lagert diese Linie, diese Hommage Uhren, diese Erinnerungsuhren an eine große Vergangenheit in eine komplett andere Marke aus, die Schwester-Marke Tudor.

Auf diese Weise kann man den Markt mit Remakes und Design-

Varianten alter und wirklich schöner Rolex-Modelle bedienen, ohne dabei aber ihre eigentliche Marke mit der Krone zu verwässern. Aber auch diese Uhren haben einen Bruch: ein Rolex-Modell von 1965 wird nun als Tudor-Neuauflage verkauft. Freilich befleißigt man sich zu betonen, dass diese Modelle Wiederauflagen alter Tudor Modelle seien, aber das sind nur schöne Worte, denn in Wahrheit sind diese alten Tudor-Modelle schon damals billige Rolex-Modelle gewesen, ein Rolex-Gehäuse, aber ohne das Rolex-hauseigenes Uhrwerk darin. Auch eine Hommage an eine Hommage bleibt eine Hommage. Schön anzusehen, aber kein Original.

Die Tudor 'Black Bay', mit ihren braunen Zeigern und Stundenmarkierungen, die aussehen (sollen) als wären sie gealtert, so als hätten sie eine Patina, wie eine wirklich alte Uhr, macht die Sache nicht besser. Diese Uhren *wollen* etwas. Sie wollen darstellen, dass sie cool sind, modisch, trendy, wollen den Stil der alten Rolex Modelle, die mit der echten Patina, kopieren, sich an den alten Rolex Modellen, die so gefragt und gesucht und hochpreisig sind orientieren. Diese Uhren *wollen* gekauft werden. Sie *wollen* etwas – und das ist elementar uncool.

Die Rolex 'Submariner' dagegen (nur zum Vergleich) *ist*. Sie *ist* einfach, Punkt. Sie will nichts. Sie ist, was sie ist: eine Taucheruhr; und das seit vielen Jahrzehnten... das ist männlich. Wollen ist weiblich. Sein ist männlich. Daher ist die Submariner cool, die Black Bay, so schön sie auch ist, nicht.

Hier ist alles mehr Schein als Sein. Langfristig ist aber Sein alles und der Schein blättert schnell ab. Langfristig gewinnt nur das Original, niemals die Nachahmung. Welche dieser Uhren noch ein 'Original' sind und welche nur eine Kopie, das gilt es zu ergründen.

Schlimmer...

Doch noch zweifelhafter ist dies: bei den folgenden Modellen fehlt sogar die Kontuniutät beim Hersteller. Denn diese Unternehmen existierten kaum noch oder gar nicht mehr, oder sogar nie. Sie bestehen also lediglich in Namensrechten, die irgendwer aufgekauft hat.

So sehr mich das schmerzt, weil ich die Uhren von Panerai mag: Panerai ist am schlimmsten von allen. Denn diese Marke

Abbildung 8.2: noch mehr Lauwarmes: Panerai 'Radiomir', Jaquez Droz 'Grand Seconde', Heuer 'Autavia'

des Richmond Konzerns hat überhaupt gar nichts mehr mit der namensgebenden Firma aus Florenz gemein, außer die Rechte an Namen und Designs, die man eingekauft hat und mit denen man seither mit ihrer eingekauften Geschichte hausieren geht, als wäre es die eigene Geschichte. Das ist unehrlich, unseriös, es gibt vor, etwas zu sein, was da nicht ist.

'Officine Panerai' war ein kleines Florentiner Unternehmen, das seit Mitte des 19. Jahrhunderts Natuische Instrumente hergestellt und vertrieben hat. Und offenbar importierte man aus der Schweiz Uhren und Uhrwerke von Rolex. Und so kam es irgendwie, dass der frühe Entwurf einer Taucheruhr aus den 1920er Jahren, der von Rolex selbst nie umgesetzt wurde, in Florenz landete und dort auch bestellt wurde: das Uhrwerk von Rolex wurde in Florenz in ein wasserdichtes Gehäuse von Rolex eingebaut und die Uhr unter dem Namen Panerai 'Radiomir' an die italienische Marine als wasserdichte Taucheruhr verkauft.

Panerai stellte seinen Betrieb irgendwann in den 1960er Jahren komplett ein und wurde erst Anfang der 1990er vom Richemond Konzern aufgekauft und vermutlich wegen der Rolex-Connection und den gelungenen alten Designs wiederbelebt.

Hätte Rolex die Rechte an Panerai gekauft, wäre wenigstens hier eine gewisse Kontinuität gewahrt gewesen, weil Uhren von Panerai eben ursprünglich immer in Wahrheit Uhren von Rolex waren. Aber so... basiert alles Erbe, mit dem Panerai heute wirbt auf heißer Luft. In Wahrheit ist Panerai eine neue Firma, die sich alte Namensrechte gekauft hat.

Und Jaquez Droz ist freilich einer der großen Pioniere des Automaten- und Uhrenbaus des 18. Jahrhunderts. Und doch ist freilich die nach ihm benannte Uhrenmarke nur eine Marke der Swatch Group, die sich diesen Namen gesichert hat. Und auch wenn die 'Grande Seconde' eine wundervoll altmodische und höchst gelungene Uhr ist, in ihrer Schlichtheit und ihrer höchst archaisch anmutenden Zifferblatt-Anordnung, so hat sie doch mit dem Uhrmacher, deren Namen sie trägt rein gar nichts zu tun. Sie ist nicht einmal eine Hommage an eine Uhr, die er je gebaut hätte, sondern lediglich eine Hommage an eine große Persönlichkeit des Uhrenhandwerks.

Ebenso schlimm bei der Heuer 'Autatvia'. Heuer existiert nicht mehr und damit zwar noch Markenrechte und vielleicht auch ein paar alte Vorbilder, die man nachbauen kann. Aber nur, weil man die Rechte besitzt ist man noch lange nicht der Hersteller eines legitimen Nachfolgers, höchstens einer Neuauflage, einer Hommage Uhr.

Ich sage übrigens nicht, dass diese allesamt keine gutaussehenden, gut designten oder gar schlechte Uhren wären! Alles was ich sage, ist, dass bei der Bewertung eines Investments die langfristige Wertbeständigkeit und positive Wertentwicklung, man viele Aspekte des Hintergrunds einer solchen Uhr in Betracht ziehen muss. Und dazu gehört im Uhrenbereich die Geschichte und das Erbe, das mit einer Uhr und einem Hersteller in Verbindung gebracht wird. Und diese beiden wichtigen Fundamente eines dauerhaften Wertes stehen bei diesen Modellen in Frage.

Sie dürfen übrigens ganz anderer Ansicht sein und den gezeigten, durchaus sehr schönen und gelungenen Modellen eine glücklichere Zukunft vorhersagen und gerne auch in sie investieren. Ich kann auch nicht in die Zukunft sehen, will aber meine Gedankengänge anbieten, um sie richtig zu finden oder sich daran zu stoßen, Hauptsache ist: Sie entwickeln Ihre eigenen.

A. Lange und Söhne

A. Lange ist vermutlich derzeit die am meisten unterbewertete Uhrenmarke überhaupt.

Das mag damit zusammenhängen, dass 'A. Lange' nicht in der Schweiz sitzt, sondern in Deutschland und zudem in Sachsen, in einem kleinen Ort namens Glashütte bei Dresden. Aufgrund der Zustände in der zwischenzeitlich die Dinge verkomplizierenden DDR bestand Lange zwar auch zwischen 1949 und 1989, leidlich, aber freilich musste man die Herstellung von Uhren auf höchstem Niveau erst wieder aufnehmen. Dies ist klar ein Sonderfall. Lange war vor dem Desaster des Krieges und der DDR ein Uhrenhersteller auf höchsten Niveau und ist es seit dem Ende der DDR und der Neugründung des Unternehmens 1991 wieder.

Abbildung 8.3: Maßlos in Stil und Perfektion: A. Lange 'Lange 1', '1815', 'Datograph'

Das besondere an A. Lange ist, dass man regelrecht eine Gefahr für den Mythos ist. Denn unter vorgehaltener Hand weiß in der Uhrenbranche jeder, dass A. Lange handwerklich besser ist, als Patek. Und das will viel heißen. Damit gefährdet A. Lange nicht nur das stabile Konstrukt der 'Heiligen Dreieinigkeit' der Uhrenwelt, jene einfache und eingängige Hierarchie, sondern stellt überhaupt die Vorherrschaft der Schweizer Uhren mindestens in Frage.

Immerhin weiß man bei Lange selbst, was man wert ist. Die Uhren von A. Lange liegen im Preisbereich von 20.000 bis 100.000 Euro und sind nicht nur der Qualität nach Mitbewerber von Patek Philippe.

Nun, sei es wie es sei, A. Lange gehört damit zu den unterbewerteten Herstellern, denn man kann und leistet viel mehr, als die Werthaltigkeit ihrer Produkte derzeit widerspiegelt. Ob hier ein Potential für ein Investment liegt, mag jeder für sich entscheiden.

Jaeger-LeCoultre

Jaeger-LeCoultre macht brillante Uhren mit hervorragenden Uhrwerken. Jaeger-LeCoultre pflegte die Top Uhrenhersteller mit Uhrwerken zu beliefern. Viele Werke der bedeutendsten Uhren von Patek Philippe, Audemars Piguet und Vacheron-Constantin wurden von Jaeger-LeCoultre entwickelt und gebaut.

Abbildung 8.4: Jede Einzelne eine ausgewogene Schönheit: Jaeger-LeCoultre 'Reverso', 'Deep Sea', 'Master Control'

Zudem entwirft JLC Uhrendesigns auf höchsten stilistischen Niveau. Die Uhren von JLC sind eine um die andere Kunstwerke, Meisterwerke beeinflusst von Art Deco und der Klarheit von Bauhaus.

Und doch konnte JLC sich nie als viertes Mitglied der 'Heiligen Dreifaltigkeit' etablieren und rangiert in Bekanntheit und Marktpräsenz weit weit hinter Rolex, die bestimmt keine besseren Uhren bauen.

Und die Preise folgen dieser mangelnden Präsenz. Das mag schlicht an dem kaum aussprechlichen und für den einfachen Kunden auch kaum memorierbaren Namen liegen. Denn alles andere ist bei JLC erstklassig.

Und mit der 'Reverso', einer rechteckigen Uhr, die mit ihrer schlichten Klarheit der Gipfel der formalen Anzuguhren ist, hat man sogar eine inzwischen über 90 Jahre alte Ikone unter den eigenen Modellen.

Was also das Investment in JLC angeht, mag es sein, dass JLC für immer das unbekannte graue Entlein hinter der strahlenden

'Heiligen Dreifaltigkeit' und den weit profaneren, aber viel bekannteren Marken Rolex und Omega bleibt. Kann auch sein, dass die Uhren von JLC heute Schnäppchen sind, die nur darauf warten entdeckt zu werden.

Blancpain

Der älteste Uhrenhersteller der Welt, Blancpain, gegründet 1735, ist ebenfalls in seiner Bedeutung leicht unterschätzt, wird überstrahlt vom grellen Licht, das der Markt auf seine Lieblinge Rolex und Patek wirft.

Abbildung 8.5: Spezialuhren von Blancpain 'Fifty Fathoms', 'Air Command AC01-1130', 'Fifty Fathoms Bathyscaphe'

Auch bei Blancpain, wie ebenso bei Piaget scheint man es vorzuziehen seine brillant gefertigten Modelle durch eine Unzahl von Designs und kunstvollen Varianten zu verwässeren, die Klarheit, den Kern des Zwecks des jeweiligen Modells durch ihre Vielgestaltigkeit zu verstellen. Freilich, weil anders als bei den klassischen Herstellern von Spezialuhren, wie Rolex, Omega, IWC und Breitling, der Zweck dieser Modelle niemals etwas anderes war, als kunstvoll und meisterhaft designt zu sein.

Aber der Nachteil dieser Strategie ist, dass auch Blancpain die Antwort schuldig bleibt, woran man denken soll, wenn man den Markennamen hört. Beinahe. Denn Freilich ist Blancpain untrennbar verbunden mit dem Wettlauf um die erste 'echte' Taucheruhr, den man seinerzeit mit der Fifty Fathoms gewann – also eine mit einer echten Taucherlünette, denn sonst wäre es mit weitem Vorsprung die Panerai 'Radiomir'. All das aber nur, um dann historisch hinter dem Marketinggeschick von Rolex und Omega auf dem ungeliebten dritten Platz zu bleiben.

Abbildung 8.6: Kunstvolle Vielfalt: 'Villeret Ultraplate', 'Mouvement Inverse', 'Villeret Quantieme Complet'

Offenbar ist aber die Taucheruhr und andere Militäruhren gar nicht das Kerngeschäft von Blancpain. Vielmehr befleißigt man sich einer Unzahl hochkomplexer und mit vielerlei Komplikationen ausgestatteter Modelle, alle jedoch im schlichten und ohne Taucher-Lünette eher den formalen Uhren zuzuordnenten Entwürfen. Kleinen und großen Meisterwerken. Man meint sich, besonders bei Blancpain und Breguet in die Zeit zurückversetzt, in der ganz Europa französisch sprach, als Ausdruck höchster Kultur und Zivilisiertheit.

Daher nennt man diese Hersteller, von Jaeger-LeCoultre, Breguet, Blancpain, Piaget und andere (die alle verdächtigerweise französische Namen tragen) auch Haute Horologie, also etwa die 'hohe Uhrmacherkunst'. Sie sind im Grunde alle eher verwandt mit Patek Philippe und Vacheron Constantin und Audemars-Piguet vor der Royal Oak, und mit Cartier, als mit den Herstellern der Spezialuhren, ohne jedoch das extrem hohe Ansehen der Mitglieder der 'Heiligen Dreieinigkeit' zu genießen – man meint, durchaus zu Unrecht.

Das Problem all dieser Hersteller der Haute Horologie scheint dagegen zu sein, dass sie sich mit ihren Modellen in einem Preisbereich von oberhalb von 15.000 Euro bewegen und auch in dieser

Hinsicht eher zur 'Heiligen Dreieinigkeit' aufschließen, als den Platzhirschen der 'Niederungen' der Luxusuhren wenigstens Preislich etwas entgegenzusetzen.

Breguet

Sich um die Entwicklung der Uhrenindustrie verdient gemacht hat sich Breguet – im 19. Jahrhundert. Seither scheint in diesem so renommierten Haus die Zeit stillzustehen – und mit ihr auch der Erfolg.

Abbildung 8.7: Konsequent in der Vergangenheit: Breguet 'Classique 7147', 'Tradition 7097', 'Classique Chronometrie 7727'

Auch wenn man zweifellos feinste Uhren mit höchster Kunstfertigkeit herstellt – Breguet hat keine wirkliche Ikone am Markt platzieren können. Man baut eben Uhren. Zeitmesser. Auf höchstem Niveau.

Aber offenbar hat man zu keiner Zeit es für notwendig empfunden, etwa die erste Taucheruhr, den ersten Chronographen oder die beste Pilotenuhr zu bauen. Diese Aufgaben waren für andere. Mit der weltabgewandten Ungerührtheit von Patek Philippe und der Distinguiertheit von Jaeger-LeCoultre baute und baut man bei Breguet Uhren. Mehr nicht. Mehr scheint nicht erforderlich, in einem Haus von derartiger Tradition.

Altmodisch, selbstvergessen, weltabgewandt, träumerisch ist hier Programm. Aber auch außergewöhnliche Schönheit aus einer

Parallelwelt, in der mechanische Zeitmesser noch immer unangefochten sind. Uhrendesigns gegen die all die anderen von Omega bis Richard Mille nur eines zu sein scheinen: gewöhnlich und geschmacklos.

Abbildung 8.8: Entrückt: Breguet 'Classique 5140', 'Classique 5177', 'Classique 3100'

Dabei erhalten Uhren aus dem Hause Breguet regelmäßig Designpreise – weitgehend unbeachtet von der Öffentlichkeit, die sich wie die Hyänen auf die neueste Idee von Rolex stürzen.

Auch die Preise sind der Wirklichkeit entrückt. Abhängig vom Gehäusematerial bewegen wir uns bei den Modellen der Reihe 'Classique' hier zwischen 15.000 und 20.000 Euro, die kunstvollere 'Tradition' eher zwischen 25.000 und 35.000 Euro.

Piaget

Ähnlich wie bei Cartier berühren wir bei Piaget die Grenze zwischen Uhrenbau und Schmuckherstellung. Sind diese Uhren nun mehr Schmuck als Uhr oder doch veritable Uhren in einem schmucken Gehäuse?

Eines können wir jedenfalls feststellen: die Verquickung des Uhrenbaus mit der Schmuckherstellung hat mehrere Vorteile: 1. ein weiteres Standbein, was gegen unternehmerische Pleiten schützt, 2. noch mehr Fachleute bei der Verarbeitung von Edelmetallen und Edelsteinen und 3. Namen, die durch den Schmuckbereich am Markt etabliert sind.

Abbildung 8.9: Style: Piaget 'Polo', 'Altiplano', 'Altiplano 900P'

Für den reinen Uhren-Enthusiasten, den Anbeter von Reinheit und Perfektion mag dies eine störende Verquickung sein, eine Verwässerung der Reinheit und Hingabe an den Uhrenbau. Und doch finden wir hier veritable Uhren, ganz ohne Abstriche.

Und auch bei Piaget scheint man die Zeit vergessen und damit den Zug der Zeit gänzlich verpasst zu haben, denn hier befleißigt man sich noch immer dem Streben nach der flachsten Armbanduhr vorstellbar. Man liefert sich hier mit Bulgari eine Schlacht um einen Preis, der schon lange nicht mehr vergeben wird. Und Piaget gewinnt: die Altiplano 900P ist unvorstellbare 3,65 mm dünn und führt doch, und das gut sichtbar, ein mechanisches Automatikwerk. Hier begegnen sich Superlativ und Unbekanntheit aufs unangenehmste für die Preisstabilität. Kein Wunder, wo sich andernorts Panerai, Hublot und sogar Rolex versuchen darin zu überbieten, wer die größte, dominanteste Uhr zu bieten hat: 44, 46 oder gar 47 mm Durchmesser bei 18, nein 20 mm Dicke! Hier ist die Aufmerksamkeit des Marktes.

Militärmodelle

Das Militär gibt bis heute immer wieder Spezialuhren in Auftrag. Und diese Uhren wenden sich offensichtlich nicht so sehr an den distinguierten Herren, sondern an den echten Kerl.

Man gewinnt den Eindruck: weder JLC, noch Breguet, noch Blancpain sind Hersteller von Spezialuhren, wie Pilotenuhren, Spe-

Abbildung 8.10: Im Auftrag der Streitkräfte: Breguet 'Type XXI', Jaeger LeCoultre 'Navy Seals', Blancpain 'Fifty Fathoms'

cial Forces Uhren oder Taucheruhren. Aber wenn man sie danach fragt, damit beauftragt, dann bauen sie eine solche Uhr trotzdem.

Aber in den Reihen der hohen Uhrmacherkunst befasst man sich sonst nicht von selbst mit solchen Niederungen. Das überlässt man Anderen. Und damit den großen Teil des Kuchens.

Fazit

Wir stellen fest, der Uhrenzirkus ist bei weitem breiter, als Rolex, Omega und IWC.

Allerdings haben wir mit der Haute Horologie Hersteller vor uns, die unbekannte Uhren für horrendes Geld anbieten. Freilich spricht ihnen das den Status des Meisterwerkes nicht ab, aber der Werterhalt kommt nunmal von der Nachfrage – und die Nachfrage nach einem kaum bekannten Modell ist praktisch nichtexistent und mit ihr Preisstabilität und Werterhalt.

Will man in einen dieser ausgezeichneten Hersteller investieren, so muss man sich die Frage stellen, was das Kern-Business dieses Herstellers ist, wofür er steht, was sein entscheidendes Modell ist, sein entscheidender authentischer Beitrag zur Uhrenwelt, das was niemand anderes zu bieten hat.

Und gegen die Übermacht von Rolex und die Dominanz der 'Heiligen Dreieinigkeit', die seit der Eingliederung von Vacheron Constantin in den Richmond Konzern eigentlich nur noch eine

'Heilige Zweifaltigkeit' ist, ist schwer anzukommen.

Was niemanden davon abhalten sollte, Geld in solch außergewöhnlichen Meisterwerke zu investieren, denn erstens ist die Zukunft unklar und zweitens bleibt meisterhaftes immer meisterhaft. Besser als Bargeld sind auch diese Hersteller allemal.

Fein oder Sportlich

Betrachtet man die feine Pracht der Uhren der Haute Horologie, so wird man traurig, dass diese Schönheiten heute nur noch ein solches Nischendasein führen im Schatten von groben Klötzen wie einer Rolex 'Deep Sea', Panerai 'Submersible' und Hublot 'King Power' und derengleichen mehr. Und dieser Wandel ist tiefer, als lediglich eine Mode. Er zeigt einen Wandel in der Gesellschaft auf...

Abbildung 8.11: Spiegel der Gesellschaft: Breguet 'Classique', IWC 'Top Gun', Hublot 'Big Bang King Power'

Im Grunde spiegelt diese Entwicklung hin zur maskulinen, grobschlächtigen Sportuhr eine gesellschaftliche Entwicklung wieder – und zwar invertiert.

Heute ist Maskulinität in vielen Bereichen nicht mehr gefragt, wird sogar gesellschaftlich unterdrückt. So wird es zum Ausdruck von Maskulinität, zu einer Art Ventil, eine männliche Sportuhr zu tragen, die eine Verbindung darstellt zwischen dem Besitzer der Uhr und dem wofür die Uhr steht: maskuline Tätigkeiten, die Mut erfordern, Erfindergeist, Kooperation, Verlässlichkeit, Stärke und Überlegenheit, Kontrolle und Bewusstheit, kurz Männlichkeit, wie etwa Raumfahrt, Fliegerei, Tauchen, Autorennen, all jene typisch maskulinen Dinge, die von Eroberungsgeist, Mut und Wettstreit zeugen.

Man beachte auch die Modellnamen (die hier freilich nicht ganz zufällig ausgewählt sind):

'Classique'. Breguet baut eine Uhr, deren Blick rückwärtsgewandt ist, sich auf das bezieht, wie es schon immer war. Die Linienführung der Uhr ist zart, feingliedrig, elegant.

Anders IWC: mit 'Top Gun' assoziiert man nicht nur die 'stärkste Waffe', sondern freilich auch den Militär-Fliegerfilm der 80er Jahre und die realexistierende Pilotenschule der US Air-Force um die es in diesem Film geht.

Und freilich Hublot, die Meister des kalkulierten Skandals, musste dann ihrem 'Großen Knall' oder 'Urknall' (oder auch einer im Amerikanischen noch entschieden unzüchtigeren Interpretation des Begriffes) also ihrem 'Big Bang' noch mit der Macht des Königs 'King Power' eines obendrauf setzen und das bei einem Gehäusedurchmesser von 48 mm, die selbst am Arm von Arnold Schwarzenegger leicht überdimensioniert wirkt. Was ein Streben nach Männlichkeit, maskuliner Symbolik, offenbar unausgelebten Bedürfnissen von Stärke, Dominanz und Eroberergeist...

Früher, vor dem großen Krieg, war die Situation genau umgekehrt: Mut und Ehre, Männlichkeit und Stärke waren Eigenschaften, die die Gesellschaft gefordert, erwartet hat, sie zum Ausdruck zu bringen war für den Mann Alltag. So strebte er in all seiner Kraft nach etwas Feinsinnigkeit, nach Höfischkeit, erneut nach dem Ausdruck des Gegenteils, für das er auch stehen wollte: und so trug man feine Uhren, klein, flach, zerbrechlich, filigran – denn stark und steinhart, war man ja selbst.

Diese Situation hat sich nach dem Krieg binnen zweier Generationen umgekehrt. Heute ist der Mann nicht mehr wahrhaft stark, sondern nur noch symbolisch... und eines dieser Symbole, die ihn mit der Stärke verbinden, die er sucht und haben möchte, die man ihm aber aberkennt und unterbrindet, sind all jene Spezialuhren, die die anderen, feinsinnigeren Uhren praktisch verdrängt haben.

Wollen wir dies nun auf die Situation als Investor anwenden, so bleibt zunächst festzustellen, dass wir ein Ausmaß dieser Sehnsucht der Gesellschaft nach Maskulinität erreicht haben, dass die Gesellschaft diese Werte wieder mehr fordern und fördern wird –

die künstlich etablierte weibliche Vormacht hat derart abgewirtschaftet, dass es nur noch eine Frage von Monaten ist, bis Männer sich ihrer Rolle besinnen werden – und wir entsprechend bei den Uhren ebenfalls wieder die Gegenbewegung sehen, wieder hin zu etwas zarteren Formen, mehr Sinnlichkeit und weniger roher Kraft.

Auch nicht unterschätzen darf man, dass die 40 mm Sportuhr und die 38 mm formale Uhr jahrzehntelang das Maß aller Dinge war und dies auch nicht ganz ohne Grund.

Zeitlosigkeit spielt selbst im Bereich der Sportuhren, mehr noch freilich im Bereich der kunstvoll gefertigten Uhren der Haute Horologie eine große Rolle. Wie auch sonst, möchte man meinen, mag man Zeit 'messen' können, wenn nicht von außerhalb der Zeit, aus der Domäne ohne Zeit, als Betrachter von außen... aber das nur am Rande.

Diese Zeitlosigkeit, diese Konstanz der Dinge über große Zeiträume wird auch die Uhrenwelt wieder einholen. Wenn man sich sattgesehen hat an den Atrositäten der fordersten Modefront, wenn es nicht mehr größer geht, weil ein Unterarm nur einen bestimmten Durchmesser einer Uhr zu ertragen geneigt ist, wird man sich langsam zurückbesinnen auf das Erprobte und das Feine. Und diese Umkehr des Weges ist nicht mehr fern.

Kapitel 9

Neu oder Gebraucht

Buy now, or cry later.
Uhren-Weisheit

Alt oder neu kaufen? Nun, das ist ja wohl leicht beantwortet: Uhren, die es noch neu gibt, freilich neu, jungfräulich. Solche, die nicht mehr gebaut werden, notgedrungen gebraucht.

Nun, ganz so einfach ist es wohl dann doch nicht.

Anlageform

Uhren sind eine Anlageform – einige wenigstens, wie wir gesehen haben –, denn sie behalten ihren Wert, statt zu Abfall zu verkommen, wie Massenware, Konsumgüter das tun. Der Name sagt es bereits: Konsumgüter werden 'verbraucht' vom lat. *consumare*, sie verfallen während ihres Gebrauchs zu Staub. Kauf halbiert den Wert, weitere paar Jahre Gebrauch vernichten ihn.

Luxusgüter tun dies nicht. Sie haben einen beständig bleibenden Wert. Und damit steht ihre Preisentwicklung nicht wie bei Konsumgütern fest, sondern sie ist variabel, der Wert bleibt bestehen und damit auch der Preis, der sich über Jahre durch Angebot, Nachfrage und Kaufvorgänge stets neu bildet.

Luxusgüter, die sich als Geldanlage eignen haben damit freilich einen Marktpreis, der schwankt wie ein Aktienkurs und wird ebenso wie ein Aktienkurs durch jeden Verkauf/Kauf weltweit neu definiert. Transparenz ist hier also entscheidend.

Luxusgüter behalten ihren Wert und sind ergo auch als Gebrauchtgut interessant, Pre-Used, als nicht-Neuware. Es gibt für Luxusuhren nicht nur einen Neuware-Markt, sondern auch einen Gebraucht-Markt.

Ursachen der Preisentwicklung

Es gibt mindestens diese drei Faktoren, die die Preise der hier betrachteten Uhren direkt beeinflussen. Es sind dies

1. Kontinuierlich steigende Listenpreise
2. Inflation
3. Hohe Nachfrage bei geringem Angebot

zu 1. Steigende Listenpreise Die ganze Uhrenwelt lebt ein bisschen auf ihrem eigenen Planeten. Losgelöst von den Realitäten der Welt, baut man nicht nur wider jede Vernunft mechanische Uhren, perfektioniert diese bis ins letzte Detail, verkauft sie für Preise für die man im Rest der Welt nur Autos bekommt, nein... Anbieter wie Rolex erhöhen auch noch regelmäßig, beinahe stoisch, die Listenpreise der Uhren um im Mittel +5%.

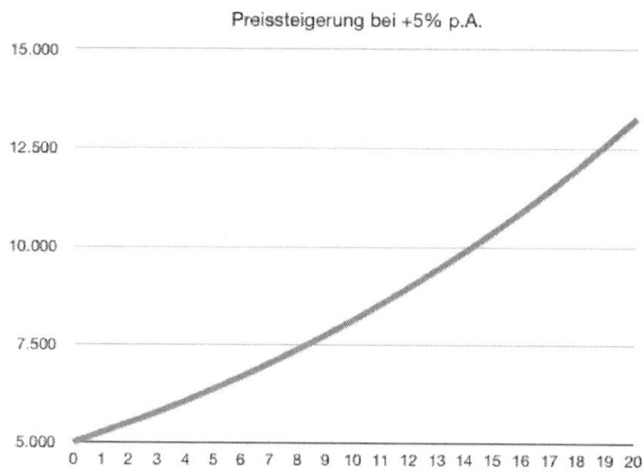

Abbildung 9.1: Preissteigerung bei +5% Preiserhöhung p.A.

Wer nun die Zinseszins-Rechnung bemüht, der erkennt, dass kleine prozentuale Zuwächse alljährlich, langsam aber stetig über viele Iterationen zu enormen, exponentiellen Zuwächsen führen. Jedes Jahr hebt man den Preis nicht nur um den prozentualen Anteil an (Zins), sondern auch um einen Anteil des Anteils des Vorjahres (Zinseszins).

Auf diese Weise erreichen wir, ohne weiteres Zutun bereits nach 15 Jahren eine Verdopplung des Preises, wie das Diagramm zeigt von 5.000 Euro auf über 10.000 Euro. Nach vollen 20 Jahren liegen wir bereits bei über 13.000 Euro.

Und dieses beständige Wachstum des Listenpreises allein führt zu einem Wachstum der Gebrauchtpreise, denn wie wir noch sehen werden ist der Listenpreis nicht nur Orientierungspunkt sondern in den meisten Fällen auch ein oberes Limit für die Gebrauchtpreise. Steigt der Listenpreis, folgen die Gebrauchtpreise.

Man darf ergo also annehmen, dass auch die Preise für gebrauchte Rolex Uhren alljährlich im Mittel um +5% steigen, inkl. Zinseszins.

zu 2. Inflation Nun ist Inflation keine wirkliche, sondern nur eine scheinbare Preissteigerung. Die Preise nehmen zu, aber der Wert bleibt gleich, weil gleichzeitig die Währung in der der Preis notiert wird, weniger wert wird.

Ein Nullsummenspiel. Auf dem Papier ist die Uhr mehr wert, aber der Schein trügt.

Was nicht trügt ist, dass der Preis der Uhr steigt, während die Währung abwertet. Was bedeutet, dass die Uhr ihren Wert, ihren realen Wert, das Kapital, das sie erhalten soll, erhält, während alles was Währung ist, also auch Bankkonten etc. immer weniger wert wird. Wenn parallel dazu Aktien steigen und Immobilien steigen, ist die Wahrscheinlichkeit, dass diese scheinbaren Zuwächse auf Inflation beruhen hoch.

Doch immerhin: die Uhr wächst mit dem Verfall der Währung mit, sie erhält also ihren Wert. Und das war das Ziel.

Doch es passiert noch etwas unerwartetes!

Da durch die Inflation die Währung mit -5% schrumpft, während die Sachwerte mit +5% wachsen, wird der Anteil um den die immer kleiner werdende Währung schrumpft selbst kleiner,

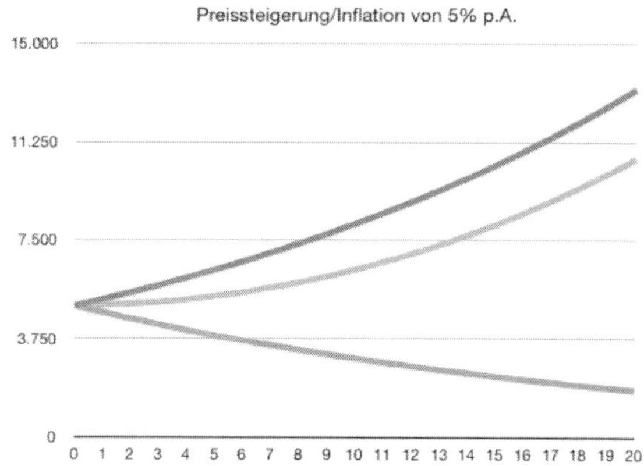

Abbildung 9.2: Preissteigerung von +5% vs. Inflation von -5% p.A.

während der Anteil um den die Sachwerte wachsen immer mehr zunimmt, weil 5% von immer mehr, immer mehr wird.

Wir sehen zwar, dass die Währung (grün) immer weniger wert wird, während der Sachwert (blau) immer mehr wert wird. Aber das Phänomen ist nicht symmetrisch zur Ordinate, was bedeutet, dass selbst in Summe, also $Wertzuwachs - Inflation$ der Wert des Sachwertes (gelb) nicht gleichbleibt, sondern steigt, weil die Abwertung der Währung auf Dauer geringer ausfällt als die Aufwertung des Sachwertes.

Was bedeutet: selbst wenn wir eine Inflation von -5% haben und eine Wertsteigerung einer Uhr von +5%, so heben sich diese beiden Phänomene nicht auf, sondern die Wertsteigerung wird den Effekt der Inflation überflügeln und zu einer Wertsteigerung des Sachwertes führen.

ad 3. Hohe Nachfrage, geringes Angebot Je mehr sich die Kunde verbreitet, dass Sachwerte ein probates Mittel sind, um der Entwertung und dem beständigen Diebstahl allen Geldes (durch Steuern, Gebühren, etc.) zu entkommen, desto mehr wird sich das Verhältnis von geringem Angebot zu hoher Nachfrage verschieben und die Preise in die Höhe treiben.

Da Luxusuhren Kunstwerke sind, die mit einem hohen Anteil an Handarbeit gefertigt werden, ist eine natürliche Obergrenze des Ausstoßes einer Manufaktur wie Rolex, Patek oder AP schnell erreicht. Umso schneller, als das zudem die Preise nach oben treibt.

Es steht also kaum zu erwarten, dass sich das Angebot an die Nachfrage anpassen wird, eher schon, dass die Nachfrage noch enorm weiter zunehmen wird, während das Angebot mehr oder minder stagniert. Selbst eine Verdopplung des Ausstoßes würde angesichts der zunehmenden Nachfrage vermutlich höchstens ein Tropfen auf den heißen Stein sein.

Marktsituationen

Der Normalfall: Gebraucht ist preisgünstiger als Neu

Der Normalfall ist freilich, dass Uhren die man neu kauft, nach Listenpreis deutlich teurer sind als auf dem Gebrauchtmarkt. Ein gebrauchtes Gut ist nicht mehr neu, nicht mehr mit Herstellergarantie ausgestattet, nicht mehr perfekt, sondern benutzt, vielleicht beschädigt, damit etwas weniger wert.

Das ist der Normalfall, was impliziert, dass es erstaunlicherweise auch anders sein kann, aber dazu unten mehr... bleiben wir zunächst beim Normalfall.

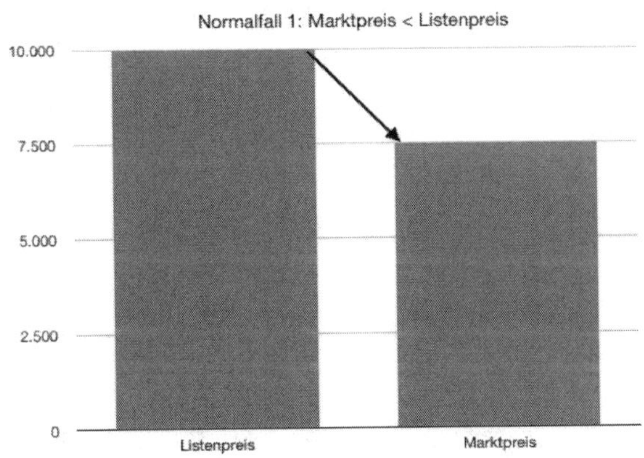

Abbildung 9.3: Der Normalfall: Listenpreis > Marktpreis

Das bedeutet auch, dass es in manchen Situationen auch unter wirtschaftlichen Gesichtspunkten durchaus sinnvoll ist, eine gebrauchte Uhr zu kaufen, statt eine neue. Etwa ein kaum getragenes Modell, zwei Jahre alt, in exzellentem Zustand, ist praktisch neuwertig, kostet oft aber 10- 20- oder sogar 30% weniger als das neue Modell. Und das, obwohl die Uhr praktisch neu ist.

Der Vorteil des Gebrauchtmarkts ist, dass er den 'wahren Wert' der Uhr widerspiegelt, ihren Marktwert, basierend auf Angebot und Nachfrage, ihren 'realen' Wert, wenn man so will, während der Listenpreis des Herstellers lediglich dessen Preisvorstellung wiedergibt.

Kauft man eine Uhr zu diesem Marktpreis, kann man sich (relativ) sicher sein, dass man sie auch ggf. zu diesem Preis (oder in etwa demselben) wieder verkaufen könnte, wenn man möchte.

Der Nachteil ist freilich, dass eine gebrauchte Uhr nicht mehr jungfäulich und vor allem nicht mehr *perfekt* sein könnte. Da aber im Bereich von Luxusuhren *Perfektion* eine enorm große Rolle spielt, ist dies ein wichtiges Merkmal.

Idealfall und Wunschszenario ist freilich: eine gebrauchte Uhr zum Marktpreis erwerben, die noch nahezu neuwertig, also perfekt und makellos ist.

Und dies ist nicht so selten und abwegig, wie es klingt. Da viele Uhren-Enthusiasten ihre Uhren wie rohe Eier behandeln und sie sogar nur im Tresor lagern, aber nie tragen, ist die Möglichkeit so ein Stück zu erwerben durchaus realistisch.

Sonderfall 1: Enorme Nachfrage trifft auf verknapptes Angebot

Aber es gibt auch Sonderfälle: z.B. ist es derzeit kaum möglich Neuware vom Konzessionär von Rolex, Audemars-Piguet oder Patek Philipp überhaupt zu bekommen.

Daher sind alle Uhren, egal ob neu oder gebraucht, die auf dem so genannten Graumarkt, also dem Gebraucht-Uhren-Markt zum Verkauf stehen, deutlich teuerer, als der Listenpreis, wir sprechen derzeit vom doppelten des Listenpreises für die entsprechende Neuware.

Und obschon das freilich von den Herstellern versucht wird zu unterbinden ist diese Situation zu verlockend, als dass die Konzessionäre noch irgend eine Uhr, etwa eine Rolex Daytona zum

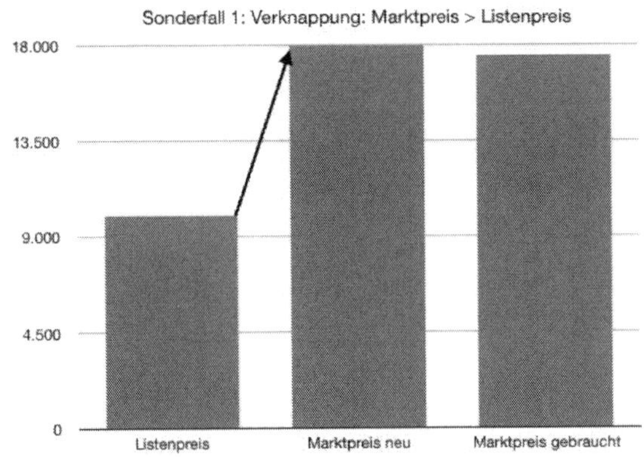

Abbildung 9.4: Sonderfall 1: Verknappung: Listenpreis < Marktpreis

Listenpreis von 11.800 Euro verkaufen würden, wenn sie am freien Markt (freilich über Mittelsmänner) auch 24.000 Euro bekommen können. Selbst wenn man den Gewinn mit dem Mittelsmann teilen muss...

Daher versuchen nun Hersteller wie AP und Panerai und andere vermehrt auf die Idee der Boutique, also letztlich eine Direktvermarktung in eigenen Ladengeschäften ohne Konzessionäre zu setzen. So hat man die volle Kontrolle nicht nur über den Listenpreis, sondern auch über den Marktpreis.

Das sieht freilich aus, wie eine reine Sondersituation, könnte in Zukunft aber durchaus häufiger vorkommen und zur Regel werden, denn die Top Hersteller, wie Patek Philipp, Audemars Piguet und Rolex setzen vermehrt darauf, durch Verknappung des Angebots die Preise in die Höhe zu treiben. Sie arbeiten an ihrer Legendenbildung.

Für den Anleger, der bereits in diese Marken investiert ist, ist das von Vorteil. Denn auch die gebrauchten Uhren profitieren von solchen Preisanstiegen. Nicht nur eine neue Rolex Daytona kostet heute 24.000 Euro, auch eine gebrauchte, mehr als 10 Jahre alte Uhr ist für kaum unter 20.000 Euro zu haben.

Sonderfall 2: Vintage Uhren

Dann freilich gibt es die gebrauchten Uhren, die ebenfalls extrem selten und extrem gefragt sind, die so genannten Vintage- Uhren, die nicht selten 40 oder 50 Jahre alt sind und schon aufgrund dieses Alters einen gewissen Seltenheitswert haben.

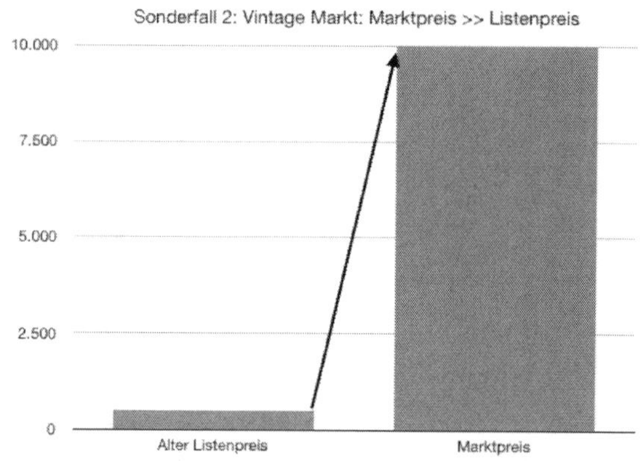

Abbildung 9.5: Sonderfall 2: Vintage Uhren: Listenpreis « Marktpreis

Wenn sie dann noch von einem der bereits genannten drei äußerst namhafter Hersteller sind, werden schnell extrem hohe Summen für solche Uhren bezahlt. Etwa sah ich kürzlich eine Patek Philippe Calatrava in Gold von 1955 für um die 45.000 Euro.

Und das gilt auch für Vintage-Rolex Modelle, auch wenn die objektiv betrachtet eher Alteisen sind.

Normalfall 2: Gebrauchte Uhren

Und freilich gibt es dazwischen den breiten Markt der gebrauchten Uhren, für die genannten Hersteller zwischen 5 und 30 Jahre alte Uhren, für alle anderen Hersteller praktisch alle Uhren die nicht neu sind.

Diese Modelle sind in aller Regel etwas preisgünstiger als Neuware, aber nicht sehr viel – und das ist freilich die Grundidee, weshalb wir uns überhaupt hier unterhalten – nämlich, dass solche Uhren dauerhaft ihren Wert erhalten.

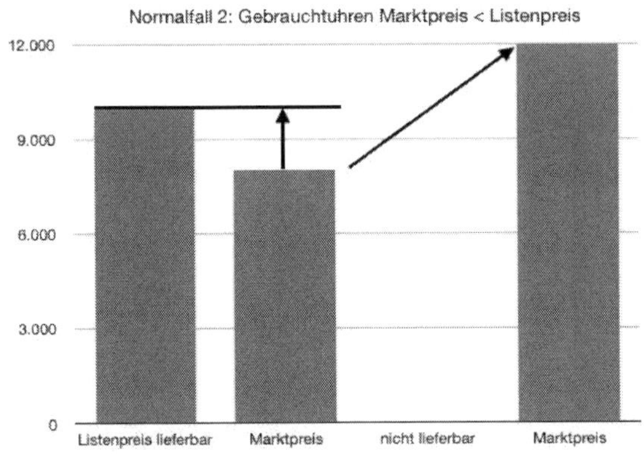

Abbildung 9.6: Der Normalfall 2: Listenpreis blockiert Marktpreis

In jedem Fall müssen wir zwei unterschiedliche Situationen unterscheiden: den Kauf einer auch neu lieferbaren Uhr, neu oder gebraucht, und den Kauf einer nicht mehr lieferbaren Uhr, dann zwangsläufig gebraucht.

Eine nach wie vor neu lieferbare, also eine Uhr, die nach wie vor gebaut wird, ist nicht von solch zwingender Seltenheit, von solch begrenzter Verfügbarkeit, wie ein Gut, dessen Produktion eingestellt wurde.

Bei der noch immer lieferbaren Uhr, wird der Marktpreis sich immer ein Stück weit am Listenpreis des Herstellers orientieren. Der Listenpreis ist eine Art natürliche Begrenzung des Marktpreises nach oben, außer wenn, in ganz seltenen Fällen, die Nachfrage so eklatant hoch ist, dass die Menschen den Neupreis der Ware ignorieren und jeden beliebigen Preis zahlen wollen. In aller Regel jedoch gilt: ein gebrauchtes Gut ist maximal etwa den Listenpreis, also den Neupreis des Herstellers wert, ganz selten nur darüber. Der Wegfall des Listenpreises gibt also praktisch erst den Weg nach oben, zum seltenen Sammlerstück, zum weit über dem Neupreis gehandelten Sammlerwert frei.

Wenn eine Uhr viel billiger angeboten wird, als etwa 20% unter Listenpreis, dann ist sie entweder ungewöhnlich alt, hat Beschädigungen, oder hat eine sonstig unvorteilhafte Geschichte, ist möglicherweise sogar eine Fälschung. Bei allzu günstigen Schnäppchen ist Vorsicht geboten. Jeder Uhrenhändler weiß, was seine Uhr wert ist. Im Internet-Zeitalter mit hoher Transparenz durch Portale wie chrono24 in jedem Fall.

Kopien aus Fernost?

Die Gefahr, eventuell eine gut gemachte Kopie versehentlich für eine echte Uhr zu kaufen ist indes geringer, als das Einsteiger anfangs erscheinen mag.

1. sind die Kopien aus China nicht so gut, dass sie tatsächlich einem geschulten Auge etwas vormachen könnten. 2. wird jeder Händler – und jeder Händler hat ein geschultes Auge, es ist sein Beruf – genauestens darauf achten, bereits beim Einkauf kein gefälschtes Modell einzukaufen und schon gar kein gefälschtes zu verkaufen, denn dann ruiniert er seinen Ruf als seriöser Uhrenhändler und kann einpacken und nach Hause gehen.

Da das keiner will, kann man davon ausgehen, dass Uhren, die man bei einem seriösen Uhrenhändler erwirbt auch tatsächlich geprüft, gereinigt, technisch untersucht und auf Korrektheit und Originalität untersucht worden sind.

Bedeutet: man kann sehr wohl von einem ordentlichen Uhrenhändler eine gebrauchte Uhr erwerben, auch als Investment. Auch wenn die Ansprüche an ein Inwestment höher liegen mögen, als an eine Uhr, die man einfach jeden Tag tragen möchte, so wird ein ordentlicher Uhrenhändler, und das sind die meisten, dafür sorgen, dass die Uhr in einem guten Zustand ist, dass sie auf Authentizität geprüft ist, dass sie praktisch wie neu daherkommt. Er möchte sie ja verkaufen. Außerdem hat er einen Ruf zu verlieren, das bedeutet er wird peinlich genau darauf achten, dass er keinesfalls ein Produkt verkauft das zweifelhaft ist oder sich gar als eine illegale Kopie entpuppen könnte.

Freilich zahlt man diese Sicherheit mit. Eine Uhr, die man aus privatem Besitz kauft, wird man noch einmal 10% billiger erwerben können, letztlich die Marche des Händlers, die er für die genannten Dienstleistungen auch nehmen muss, sonst wird sein Geschäft nicht existieren können.

Der Einkauf einer Uhr vom privaten Anbieter, schlimmer noch im Ausland, wo man unter Umständen die Landessprache nicht spricht, die rechtlichen Gepflogenheiten nicht kennt oder schlicht weit weg vom Anbieter ist, ist für Anfänger und semi-Profis kaum zu empfehlen, da man schlicht nicht über die Erfahrungen und die Möglichkeiten verfügt die Uhr während des Kaufsvorganges auf Originalität und auf ihren Zustand zu überprüfen.

Kapitel 10

Fallbeispiele

Bislang war alles graue Theorie. Wie verhalten sich nun reale Uhren, wie entwickelt sich ihr Wert, finden wir eine Wertsteigerung, Wertstabilität oder Preisverfall?

Omega 'Speedmaster Moonwatch'

Abbildung 10.1: There is only one: Omega 'Speedmaster Moonwatch'

Die Omega 'Speedmaster Moonwatch' ist eine der bedeutendsten und bekanntesten Ikonen der Uhrengeschichte. Und Omega ist wie wir gesehen haben einer der beiden Top-Marken des Luxus-Segments. Lediglich der 'Newcomer' Rolex, konnte sich im Luxus-Segment über Omega platzieren.

Freilich stammt die originale Version mit Stahlboden, Handaufzugs-Chronographen-Werk von Lemania und Plexiglas aus einer Zeit in den 1960er Jahren, als Omega *keine* Luxusuhren herstellte, sondern solide und augenscheinlich hie und da technisch herausragende Spezialuhren für Spezialanwendungen – wie etwa einer Landung auf dem Mond.

Aber aufgrund dieser NASA-Zertifizierung ist Omega gehalten, die Speedmaster in den NASA-Spezifikationen kaum zu verändern. Daher gibt es diverse Ableitungen mit Automatik-Chronographenwerk, mit Saphir-Glas und -Glasboden, mit Datumsanzeige und dgl. mehr. Die Original Monduhr ist aber sozusagen durch die strengen Reglements, die für eine solche Zertifizierung gelten in kaum veränderter Form noch immer auf dem Markt. Und das macht sie zur Ikone. Nicht nur ihre Geschichte, sondern auch ihre seit nunmehr 5 Jahrzehnten unveränderte Präsenz.

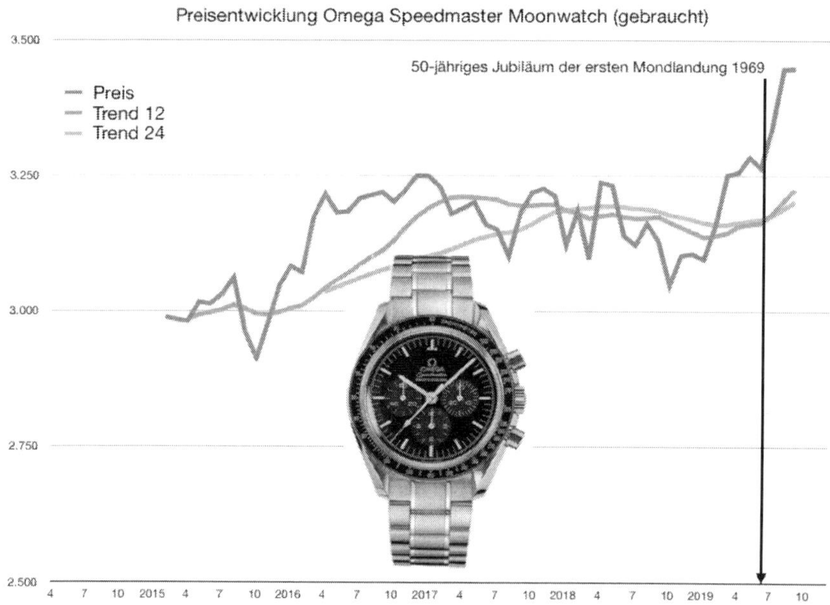

Abbildung 10.2: Wert Omega Speedmaster 'Moonwatch', gebraucht

Entsprechend bewegt sich die kaum verändert gebaute 'Moonwatch' bis heute in einem Preisbereich, der eigentlich unterhalb der von uns festgelegten Untergrenze von mindestens 5.000 Euro für eine Luxusuhr liegt. Mit einem Neupreis von um die 4.000 Euro ist die Speedy nicht nur eine herausragende Uhr, sondern auch noch preislich ungewöhnlich attraktiv.

Die Kurve des Wertverlaufs (siehe Abbildung) der Speedy belegt die Langfristigkeit ihrer Existenz. Seit ca. 1965 mit nur geringen Veränderungen gebaut und bis heute noch immer in Produktion gilt hier, was weiter oben über Gebrauchtpreise gesagt wurde, sobald es noch einen Neu- oder Listenpreis für die Uhr gibt: er deckelt den Sammlerwert nach oben.

So verändert sich der Wert einer Speedy nicht dramatisch. Hie und da mag es eine kleine Preissteigerung geben, wie etwa im Sommer 2019 anlässlich des 50-jährigen Jubiläums der ersten Mondlandung im Juli des Jahres 1969.

Ansonsten geht es zwei Schritte vor und zwei zurück.

Was bedeutet, auch wenn wir keinen starken Wertzuwachs sehen, so müssen wir auch keinen Wert-Rückgang, oder gar einen Verfall verzeichnen. Die Speedy ist auf ihrem relativ niedrigen Niveau von unter 4.000 Euro eine stabile 'Währung'. Nicht mehr, aber auch nicht weniger.

Rolex Daytona

Der Verlierer des Wettstreits um die 'Monduhr', die Rolex 'Cosmograph' ist absurderweise der historische Sieger.

Alles steht Kopf. All you know is wrong. Die Daytona ist das Einhorn, die Ausnahme, der Verstoß gegen alle Regeln, das Wunder, selbst unter den Rolex Modellen, vielleicht einer der wichtigsten und einflussreichsten Puzzlesteine in der Legendenbildung um die Marke Rolex herum.

Seit ihrer Neuauflage Ende der 1980er Jahre mit der Ref. 16520 ist die Rolex 'Daytona' ein seltsamer Fall, der Sonderfall der gesamten Uhrenwelt. Sie ist herausragend, gesucht, aber nicht verfügbar.

So ist es Tradition geworden, dass die Daytona zwar von vielen gewollt, aber von wenigen nur gekauft werden kann, was sich in

Abbildung 10.3: Wunder: Rolex Daytona Ref. 16520, Ref. 116520, Ref. 116500

neuerer Zeit nun in Preisen widerspiegelt, die selbst für Rolex-Verhältnisse hoch gegriffen, sogar illusorisch hoch erscheinen müssen.

Hier muss man feststellen, dass freilich auch beim Investment, ebenso wie bei jedem anderen Kauf und Verkauf einer Ware der Gewinn im Einkauf liegt.

Und diese Situation hat sich freilich seit der Vorstellung, aber Nicht-Verfügbarkeit der Keramik-Daytona zur Baselworld 2016 deutlich zu Ungunsten aller Daytona-Modelle verändert: sie sind in einem beinahe einmaligen Preisanstieg innerhalb von nur 3 Jahren auf etwa das Doppelte ihres ursprünglichen Marktpreises und sogar auf das Doppelte ihres Listenpreises gestiegen. Die oben identifizierte Regel, dass der Listenpreis den Marktpreis nach oben begrenzt, gilt also offenbar für die Daytona nicht. Und da ist sie unter den Rolex-Ikonen nicht allein, wie wir noch sehen werden.

Kauft man die Daytona also zum heutigen Preis etwa 100% über dem Listenpreis für eine neue Uhr, also dem Preis, den Rolex selbst für dieses Modell vorgibt, so läuft man Gefahr dass man sich verkauft und nach einer Preiskorrektur des Marktes weit im Minus landen wird. Wer allerdings so klug war und vor 2016 eine Daytona erworben hat, kann sich über einen enormen Wertzuwachs freuen.

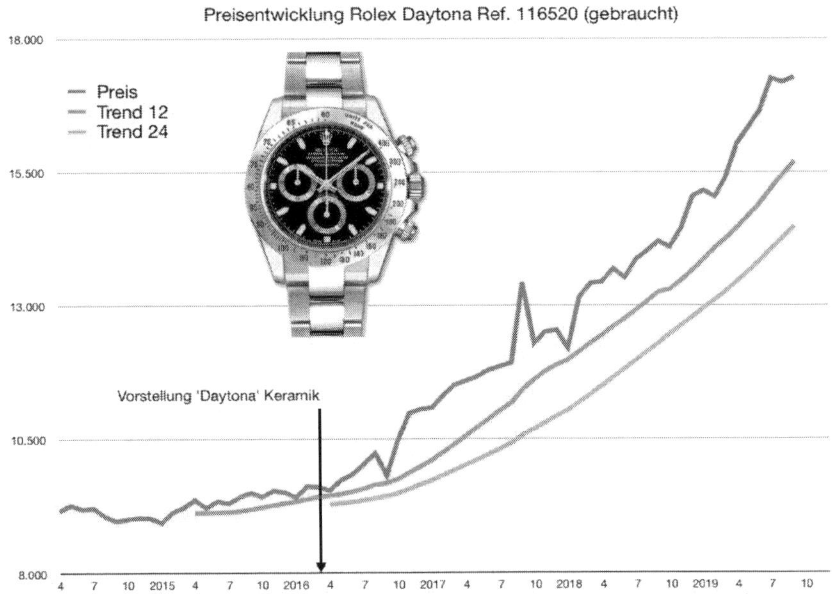

Abbildung 10.4: Wert Rolex Daytona Ref. 116520, gebraucht

Rolex GMT Master II

Wer glaubt, dass die Daytona die Krone der Rolex Welt ist, der hat 'GMT Master' vergessen.

Und es war durchaus von allem Anfang an klar, dass die 'GMT Master' mit ihrem extrem hohen Wiedererkennungswert, besonders die Version mit der blau-roten Lünette, im Volksmund die 'Pepsi', einen Kultstatus unter den Rolex-Modellen erlangen würde.

Insbesondere durch die Verknappung der Stahlversion der 'Pepsi' durch die neuen Keramikvarianten, provozierte Rolex einen weiteren Hype. Die neuen Modelle, insbesondere die Variante mit der rot-blauen und der schwarz-blauen Lynette, im Volksmund die 'Pepsi' und die neue 'Batman' Variante, sind so gefragt, dass sie am Markt beinahe nicht zu haben sind, respektive mit einem enormen Aufschlag von 100% auf ihren Listenpreis gehandelt werden. Praktisch egal ob gebraucht oder neu.

So ist es nicht verwunderlich, dass nahezu alle Modelle der GMT innerhalb weniger Jahre einen Wertzuwachs von um die 50%

Abbildung 10.5: Kult und Hype: Rolex GMT Master II Ref. 16710, Ref. 116710BLNR, Ref. 116710BLRO

ihres Marktwerts verzeichnen können.

In der Abbildung betrachten wir den Wertverlauf der älteren Vor-Keramik Version der 'Pepsi', der Ref. 16710. Deutlich ist zu erkennen, wie der Wert der alten Stahl-Pepsi seit der Vorstellung der neuen Keramik-Pepsi in Weißgold zur Baselworld 2015 ansteigt. Offenbar erwartete der Markt eine Nicht-Verfügbarkeit einer neuen Keramik-Pepsi auf weitere Jahre hinaus, was dem Wertzuwachs der alten Stahl-Pepsi mächtig Nachdruck verlieh. Erst zur Vorstellung der neuen Keramik-Stahl-Pepsi zur Baselworld 2019 endet der Anstieg. Zwischenzeitlich hatte die 16710 beinahe das Doppelte ihres Marktwertes von vor dem Hype erreicht.

Rolex 'Submariner'

Die Rolex 'Submariner' ist zweifellos die bedeutendste Uhr der Uhrengeschichte. Die Submariner ebnete den Weg, eine Spezialuhr, wie eine Taucheruhr, eine Sport-Uhr, keine formale Anzuguhr, in jeder Situation als tragbar zu begreifen. Die Submariner ebnete den Weg, dass eine Sport-Uhr eine Luxus-Uhr sein konnte.

Auch wenn der Durchbruch später der 'Royal Oak' gelang, so bereitete die Rolex 'Submariner' doch den Pfad. Wenn ein Gentleman, Womanzier, Stilikone, wie James Bond eine Submariner zum Smoking tragen konnte, dann konnte das wohl jeder andere Mann auch.

Praktisch alle Modelle der 'Submariner' sind gefragt. Auch wenn

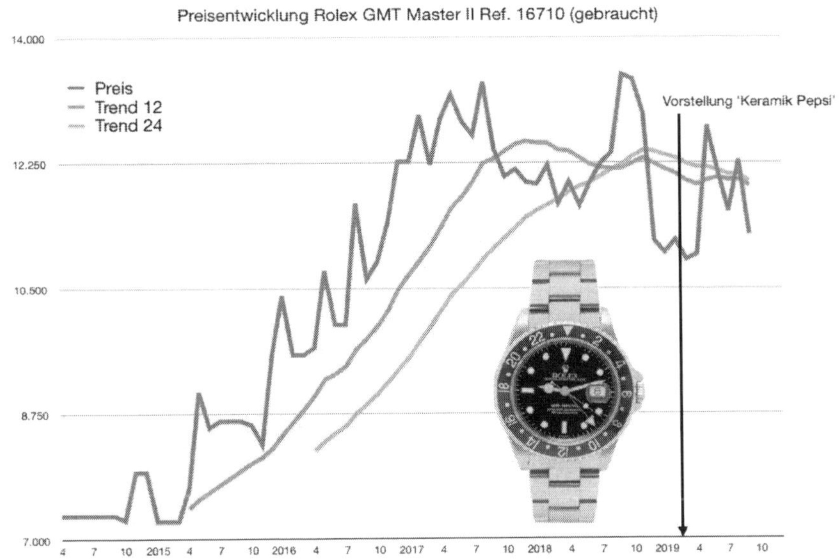

Abbildung 10.6: Wert Rolex GMT Master II Ref. 16710, gebraucht

Abbildung 10.7: Rolex Submariner Keramik

die älteren Modelle ohne Keramik-Lünette bislang von Kennern häufig den Vorzug erhielten, so scheint sich der Markt langsam an die etwas aufgeblasene Optik der neuen Modelle zu gewöhnen.

Dies hat zur Folge, dass nun sowohl die älteren Varianten mit Aluminium-Lünette, als auch die neuen mit Keramik-Lünette gleichermaßen gefragt und am Markt deutlich über ihrem Listen-Preis gehandelt werden.

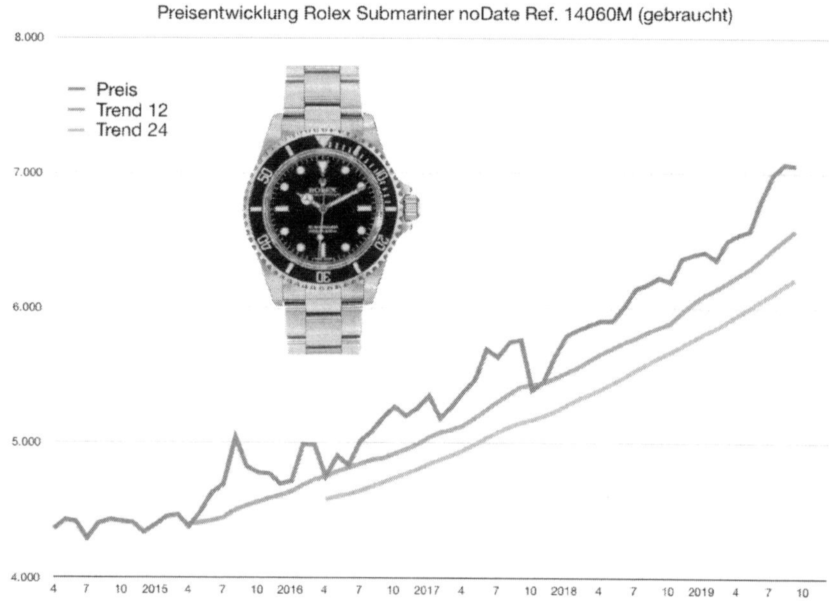

Abbildung 10.8: Wert Rolex Submariner Ref. 14060M, gebraucht

Die Wertentwicklung der Submariner Nodate Ref. 14060M (siehe Abbildung) spricht für sich. Seit nahezu 5 Jahren zeigt die Wertentwicklung sogar mit zunehmender Dynamik, aber nach wie vor sehr stabil und nachhaltig nach oben. Nach 5 Jahren verzeichnen wir einen Wertzuwachs von +59% und das, ohne einschneidende Ereignisse oder einen ausgesuchten Hype. Rein organisch, sozusagen, aus sich heraus. Und das bei einer Uhr, die nicht ausgesucht selten ist, deren Nachfolger mit Keramik-Lünette bereits auf der Baselworld 2012 vorgestellt wurde. Und doch... ein Wertverlauf um die sie viele andere Anlageformen beneiden.

Auch wenn ich persönlich beim klassischen Modell ohne Datum die alte Version mit Aluminium-Lünette bevorzuge, während ich die edel wirkende Keramikversion bei der Submariner mit Datum bevorzuge, so ist das heute beinahe einerlei, in einem Markt, in dem alles gleichermaßen, gesucht, gehandelt und gekauft, regelrecht aufgesaugt wird, mit und ohne Keramik-Lunette, mit und ohne

Datum, ganz egal.

Submariner ist Submariner, eine Kult-Uhr, die jeder haben möchte, auch wenn sie, ebenso wie beim guten alten Porsche, gar nicht jeder braucht.

Sea Dweller 4000

Die Rolex 'Sea-Dweller 4000' kann getrost ebenfalls als ein Sonderfall im Katalog der Rolex-Modelle betrachtet werden.

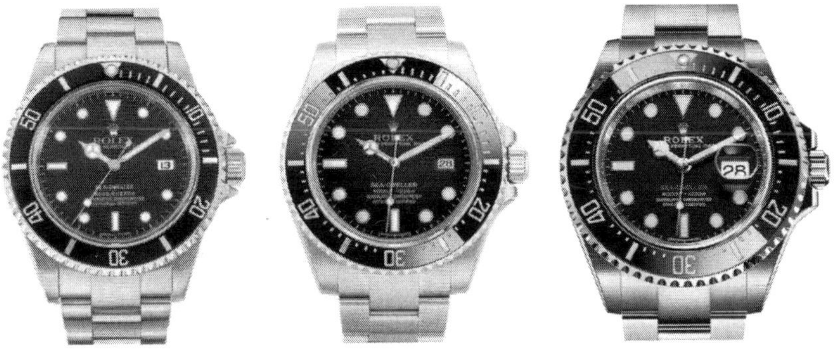

Abbildung 10.9: Rolex Sea-Dweller Ref. 16600, Ref. 116600, Ref. 216600

Sie ist nachweislich von allen Rolex Modellen der Geschichte die am kürzestem gefertigte Variante, der ohnehin nicht zu häufig vorkommenden Sea-Deweller Modelle.

In diesen paar kurzen Jahren ihrer Existenz hat Rolex allerhöchstens einige wenige tausend Exemplare gefertigt, was möglicherweise ihren Preis in absehbarer Zeit noch deutlicher in die Höhe treiben wird, als bisher schon.

Der Neupreis seinerzeit für die Sea-Dweller 4000 lag bei etwas mehr als 8.500 Euro, heute liegt sie bereits etwa die Hälfte darüber um die 12.000 €, lediglich fünf Jahre später.

Und da es sich bei diesem Modell um das letzte Modell der Sea-Dweller ohne die Datumslupe handelt und das letzte mit 40 mm Gehäusedurchmesser, wie das Original und zudem das Spitzenmodell der ganzen Reihe mit der modernen Keramiklünette, dem Maxi-Zifferblatt und dem herausragenden neuen Armband

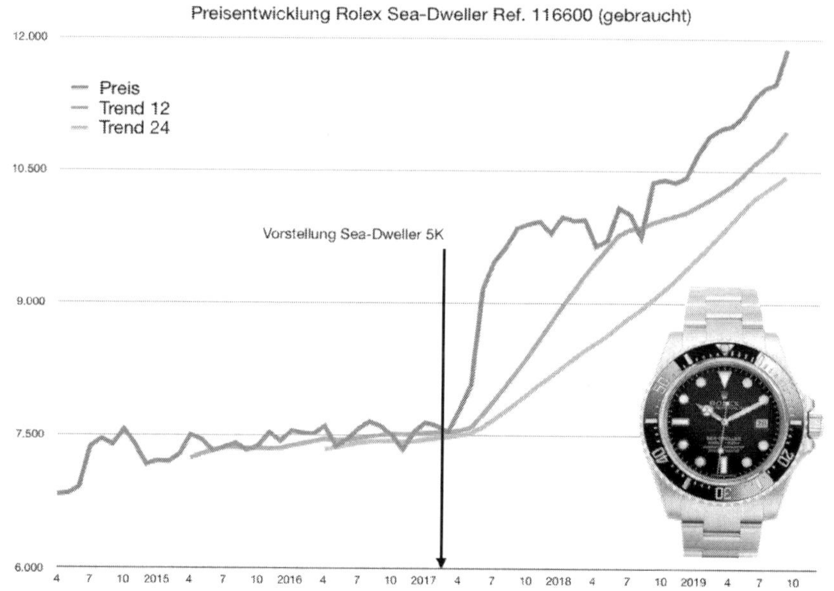

Abbildung 10.10: Wert Rolex Sea-Dweller Ref. 116600, gebraucht

samt Schließe, ist abzusehen, dass dieses Modell in den nächsten Jahren erheblich an Nachfrage zulegen wird, und zu einem ganz besonderen Sondermodell, fast als wäre es eine 'Limited Edition', aufsteigen wird.

Um dies zu verstehen muss man die Modell-Historie von Rolex genauer kennen und sehen, dass die Einführung der Modelle mit Keramik-Lünette eine Zäsur des gesamten Rolex-Modellkatalogs darstellt. Kenner unterteilen die Rolex Modelle in Vor-Keramik und Keramik-Modelle, da diese Veränderungen mit einer erheblichen Steigerung der Wertigkeit des Bandes und der Schließe etc. einhergeht. So ist eine Keramik-Sea-Dweller im alten Format ohne Datumslupe und im 40 mm Gehäuse, aber mit moderner Keramik-Lünette und Maxi-Dial ein Einhorn, eine Uhr, die es gar nicht gibt. Und solche Modelle tendieren dazu sich zu Liebhaberstücken zu entwickeln.

Und für alle, die kein Exemplar dieses Modells bislang ihr Eigen nennen können, kann man feststellen dass alle anderen Modelle der Sea-Dweller-Reihe, also insbesondere die Vorgängermodelle ohne

Keramik-Lünette, wie auch die Nachfolgemodelle mit Datumslupe ebenfalls im Strudel dieses Preiszuwachses an Wert zulegen werden.

Beim neuen Modell ist es in der Tat so, dass, ähnlich wie bei der Daytona, dieses Modell kaum am Markt erhältlich, aber sehr stark nachgefragt ist, was den Preis bereits kurz nach der offiziellen Vorstellung der Uhr auf der BaselWorld 2018 – bzw. 2019 was das Stahl/Gold-Modell betrifft – in Höhen weit jenseits des Listenpreises katapultiert wurde. Es ist also abzusehen dass die gesamte Sea-Dweller-Reihe heraustreten wird aus ihrem Schattendasein, einer Profi-Submariner, hin zu einer gesuchten Sammler-Trophäe, einer Art Super-Submariner, die Uhr, die man haben muss, wenn einem eine Submariner zu gewöhnlich ist – mit entsprechender Preisentwicklung.

Rolex Yacht-Master

Auch wenn die Yacht-Master mit Platin-Zifferblatt wirkt wie eine Uhr aus Stahl, so ist sie in Wahrheit doch ein Bi-Color Modell, also in diesem Fall aus Stahl und Platin, denn auch die silbrige Lünette der Yacht-Master ist tatsächlich aus Platin gefertigt.

Abbildung 10.11: Rolex Yachtmaster Ref. 116622 Zifferblatt: Platin, blau, Rhodium

Aber damit scheint diese Uhr beinahe schon auf magische Weise nicht den radikalen Preisanstieg der Rolex-Stahlmodelle mitzugehen, sondern tritt, für meine Begriffe ein wenig unverständlich, preislich auf der Stelle.

Unverständlich, denn dem Design nach ist gerade das Modell mit Platin-Lünette und Platin-Zifferblatt Ref. 16622 und 116622 optisch ein großer Wurf, ein Klassiker, eine fantastische Uhr, wunderschön anzusehen und traumhaft zu tragen.

Es steht also in meinen Augen nahezu außer Frage, dass dieses Modell sich über die Jahre zu einem Klassiker entwickeln wird wenn nicht zu einer Ikone des Rolex Modell-Katalogs.

Designtechnisch ist für mich die Variante mit Platinzifferblatt, wenn auch in ihrer Praxistauglichkeit etwas eingeschränkt ist, weil man die Uhrzeit im Zwielicht nur schlecht ablesen kann (aber wer will das schon), das ideale Modell, der herausragende Entwurf der Yacht-Master. Radikal, klar, perfekt.

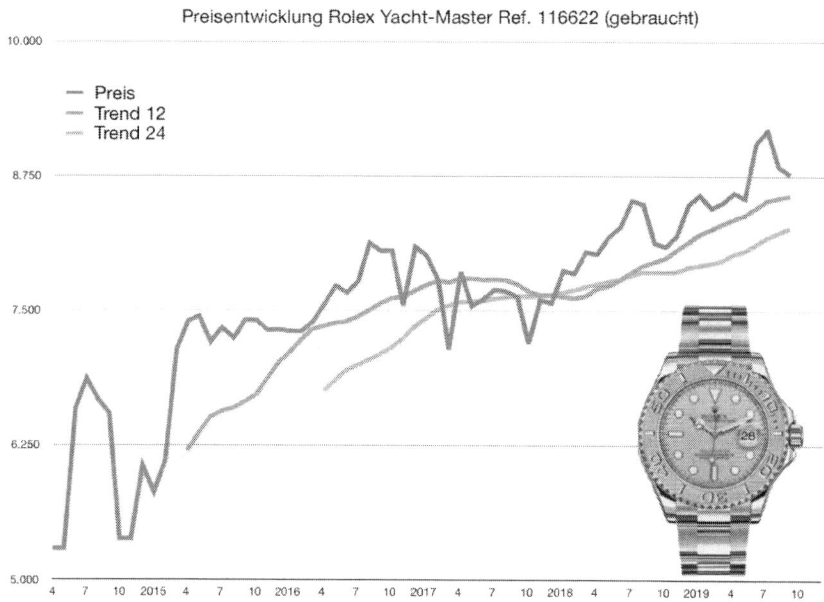

Abbildung 10.12: Wert Rolex Yachtmaster Ref. 116622 Platin, gebraucht

Die Yacht-Master Ref. 116622 mit Platin Zifferblatt ist nicht die gefragteste Uhr des gesamten Uhrenzirskus. Und doch können wir feststellen (siehe Abbildung), dass ihr Preis als Gebrauchtuhr – und das obschon seit 2014 der Anteil auch älterer gebrauchter

Uhren seit ihrer Vorstellung in 2012 zugenommen haben muss – deutlich gestiegen ist. Sowohl über 12 Monate gemittelt (Trend 12) als auch über 24 Monate gemittelt (Trend 24) erkennen wir einen stabilen Anstieg des Wertes der Uhr. Dieser Trend wird sich fraglos stabil fortsetzen. Er ist Ausdruck der Wertbeständigkeit der Uhr, da dieser Anstieg um +34% über 5 Jahre (von 9/2014 bis 9/2019) in etwa die Inflation im selben Zeitraum kompensiert. Aber wie wir gesehen haben: das ist bereits ein Erfolg. Möglicherweise enthält dieser Erfolg auch bereits einen kleinen Wertzuwachs.

Freilich gibt es dann noch das Modell mit blauem Zifferblatt. Hier gilt dasselbe wie beim Rhodium-Modell. Blau ist nett, ganz gut anzusehen, in der Praxis möglicherweise besser geeignet, um die Uhrzeit abzulesen, aber ansonsten eher eine Schwächung des ungeheuer starken Designs des Platin-Blattes unter der Platin-Lünette. Platin und Stahl, eine ideale Kombination, Stärke und Kratzfestigkeit von Stahl kombiniert mit ultimativen, magischen Eleganz und Wertigkeit von Platin.

Auch wenn momentan die Preise für das Modell mit dem modernen Stahl-Armband mit massiven Gliedern (Ref. 116622) beinahe ebenso niedrig liegen wie die des Vorgängermodells mit den holen Gliedern (Ref. 16622), die sich in meinen Augen sogar noch bequemer tragen weil sie enorm leicht sind, so halte ich diese Uhr für stark unterbewertet und es ist zu erwarten, dass sie sich in den nächsten Jahren preislich stark nach oben entwickeln wird.

Abbildung 10.13: Rolex Yachtmaster mit Keramik Lünette: Rotgold Ref. 116655, im 42 mm Gehäuse Ref. 226659, Rotgold Ref. 116621

Insbesondere durchaus auch deshalb, weil sich die anderen Modelle der Yacht-Master Reihe, insbesondere die mit der schwarzen Keramik-Lünette, als eine Design-Sackgasse entpuppen werden. Eine schwarze Lynette und ein dazu kombiniertes schwarzes Zifferblatt ist die Domäne der Submariner. Das Uhrwerk der Yacht-Master und der Submariner ist ohnehin identisch. Damit haben wir mit der Yacht-Master mit schwarzer Keramik-Lünette so etwas, wie eine verunglückte Variante der Submariner vor uns, optisch sehr ähnlich, aber irgendwie verunglückt, ein Yacht-Master-Submariner-Hybrid, ohne eine eigenständige Design-Sprache. In meine Augen daher kein erstrebenswertes, eigenständiges Uhrenmodell.

Ein bisschen muss man sich hier auch die kritische, bei Rolex beinahe ketzerische Frage stellen, ob Rolex seine Kunden hier nicht an der Nase herumführt. Für denselben Preis, für den man ein Platin-Zifferblatt und eine Platin-Lünette erhalten kann (um die 9.000 Euro), erhält man beim Nachfolgemodell ein blaues Zifferblatt aus Aluminium und später ein dunkelgraues aus Rhodium? Beide Materialien fraglos weniger wertvoll und elementar wertbeständig als Platin.

Dann bringt man für den gleichen Preis, resp. für einen deutlich höheren Preis aus Rotgold eine Version mit noch geringerwertigem Zifferblatt und einer Lünette aus Keramik (auch kein wertvolles Edelmetall), verkauft dann die Stahl-Version aber ebenfalls zum Preis der Platin-Variante. Hier stimmt doch im Preisgefüge etwas nicht!

Wesentlich aussichtsreicher, weil im Geist der Platin/Platin Yacht-Master erscheint mir die Stahl/Rosegold Variante Ref. 116621 mit dem braunen Zifferblatt. Diese fügt sich ein in die gehobene Nobel-Optik, für die die Yacht-Master steht, wie keine andere Uhr im Rolex-Katalog und vermeidet die allzu große Nähe zur Submariner. Außerdem ist die Farbkombination Rosegold mit einem braunen Blatt bei der GMT 'Tigerauge' erprobt und als Nischenmodell ein Klassiker.

Fazit: Die Yacht-Master birgt Potential für ein Investment, weil sie bisher stiefmütterlich behandelt wurde. Allerdings scheint Rolex die Stahl/Keramik-Modelle zu bevorzugen, weil sie sich deutlich preisgünstiger fertigen, aber zum beinahe selben Preis wie die Edelmetall/Stahl-Versionen verkaufen lassen. Aber wie jeder Anleger weiß: langfristig gewinnen immer die wahren Werte.

Rolex Stahl/Gold

Wenn man die unterbewerteten Stücke finden will, muss man sich freilich etwas abseits der ausgetretenen Pfade delektieren. Und die Bi-Color Stahl/Gold Varianten finden derzeit noch wenig Beachtung, aber das dürfte sich in Bälde ändern.

Die Kombination von Stahl und Gold als Bi-Color Varianten werden stark mit den 1980er Jahren assoziiert und gelten bis Dato damit als veralteter Look.

Abbildung 10.14: Rolex Stahl/Gold: Submariner Ref. 116613LN, GMT Master II Ref.126711CHNR, Sea-Dweller Ref. 126603

Doch es gibt jede Menge Hinweise darauf, dass auch von Seiten der Hersteller diese Varianten durchaus verstärkt gewollt sind und vermehrt auch neue Modelle in diesem Design angeboten werden.

Zum Beispiel die neuen Tudor-Modelle kommen nicht selten in Stahl/Gold daher, sodass sich hier möglicherweise ein neuer Trend abzeichnet, weg vom reinen Stahlmodell und seiner klaren Optik, hin zu etwas mehr Substanz, zu hochwertigeren Materialien und einer hochwertigeren Anmutung.

Die Wertentwicklung der Submariner Stahl/Gold (siehe Abbildung) wird in den nächsten Jahren getrieben werden durch die Nachfrage und die Knappheit der sehr ähnlichen Sea-Dweller Stahl/Gold. Da letztere nicht verfügbar ist, werden viele Käufer stattdessen die Submariner kaufen, was deren Nachfrage und Preis

Abbildung 10.15: Wert Rolex Stahl/Gold: Submariner Ref. 116613LN, gebraucht

nach oben treiben wird.

Doch auch ohne diese aktuelle Entwicklung, die der Submariner Stahl/Gold zugute kommen wird, sehen wir auch bei diesem Modell einen konstanten Anstieg des Wertes. Sowohl der Trend über 12 als auch über 24 Monate weist deutlich nach oben. Ein Wertzuwachs von +42% in 5 Jahren spricht für sich. Selbst bei diesem Modell, das eher am Rande Teil des Rolex-Stahl-Sport-Hype ist, erzielen wir mehr als nur Werterhalt gegen die Inflation. Aber in jedem Fall diese.

Die Stahl/Gold-Modelle sind jedoch heute kaum teurer als die reinen Stahlmodelle, sodass hier möglicherweise eine Unterbewertung vorliegt und ein Investment lohnt.

Darüber hinaus können wir feststellen, dass es die Natur von Moden ist, dass sie beständig das suchen, was sie nicht haben und nicht sind. Moden *müssen* sich verändern. Sonst werden sie langweilige.

Nach den vielen Jahren der Vorherrschaft der reinen Stahl-

Sport-Modelle, ist es also durchaus denkbar, dass sich der Markt hinbewegt zu etwas Neuem, etwas, was in der Optik vom bisherigen abweicht.

Abbildung 10.16: Rolex 18k Gold: Submariner Ref. 116618, GMT Master II Ref.126715CHNR, Daytona Ref. 116508

Preislich wird man sich nicht direkt zu Modellen aus massivem Gold bewegen wollen, da diese zu deutlich von den Stahlmodellen abweichen. Wir sprechen hier schnell von 25.000 bis 30.000 Euro für die Modelle aus reinem Gold, Weißgold oder Rosegold, verglichen mit den Stahlmodellen, die sich traditionell im Bereich zwischen 5.000 und 10.000 Euro bewegen.

Die Stahl/Gold-Varianten liegen hier in einem angenehmen Mittelfeld zwischen 12.000 und 20.000 Euro, könnten sich also in den nächsten Jahren durchaus einer erhöhten Nachfrage erfreuen und deutlich in Marktinteresse und Preis zunehmen. Einige reine Stahl-Modelle sind durch den Hype ohnehin in diesen Preisbereich vorgedrungen, etwa die Daytona, die GMT 'Batman' und die neue Sea-Dweller. Vor allem durch die Verknappung der reinen Stahl-Modelle greifen schon jetzt Käufer vermehrt zu den höherwertigen, aber im Preis vergleichbaren Stahl/Gold-Varianten.

Audemars Piguet 'Royal Oak'

Wie wir oben erläutert haben, hat die Audemars Piguet 'Royal Oak' eine herausragende Position in der Uhrenwelt.

Nicht nur ist die Royal Oak ein Produkt eines Mitglieds der 'Heiligen Dreieinigkeit' der Uhrenwelt und damit eine ganze Klasse

Abbildung 10.17: Audemars Piguet 'Royal Oak' 15202st, Chronograph 26331st, Offshore

höher als die bislang besprochenen Modelle von Omega und Rolex, sie ist auch eine Ikone der 'Neuen Zeit', die erste Stahl-Sport Luxusuhr, Wegbereiter des Überlebens der Schweizer Uhrenindustrie, sie ist eine Designikone die zahllose Nachahmer gefunden hat, angefangen von der Patek Philippe 'Nautilus', der Vacheron Constantin 'Overseas', der IWC 'Ingenieur', der Piaget 'Polo' und über den Umweg der 'Royal Oak Offshore' freilich auch der poppigen und peppigen Hublot 'Big Bang'.

Diese Uhr ist eine Ikone und ein Denkmal. Aber dies zeigt sich in ihrer Preisentwicklung nur bis Ende 2017...

Denn Ende 2017 lies Audemars Piguet verlautbaren, dass man nahezu alle Verträge mit Konzessionären kündigen wolle. Man will ein eigenes Vertriebsnetz aufbauen aus Boutiquen.

Das bedeutet: AP wird die vollständige Kontrolle über Vertrieb und Verkauf ihrer Uhren selbst übernehmen. AP wird kontrollieren können, wer überhaupt eine AP erhält und man wird die Marge, die die Konzessionäre bislang verdient haben, selbst behalten. Hier sprechen wir von 20-30% des Uhrenpreises, was eine hübsche Stange Geld ist.

Es steht zu erwarten, dass AP eine ähnliche Politik fahren wird, wie etwa Ferrari. Wer eine AP bekommt, entscheidet AP. Und bevorzugt werden freilich gute langjährige Kunden, Prominente und andere 'Multiplikatoren'. Damit steht zu erwarten, dass für den Normalsterblichen Uhren-Sammler die Möglichkeit eine AP zu

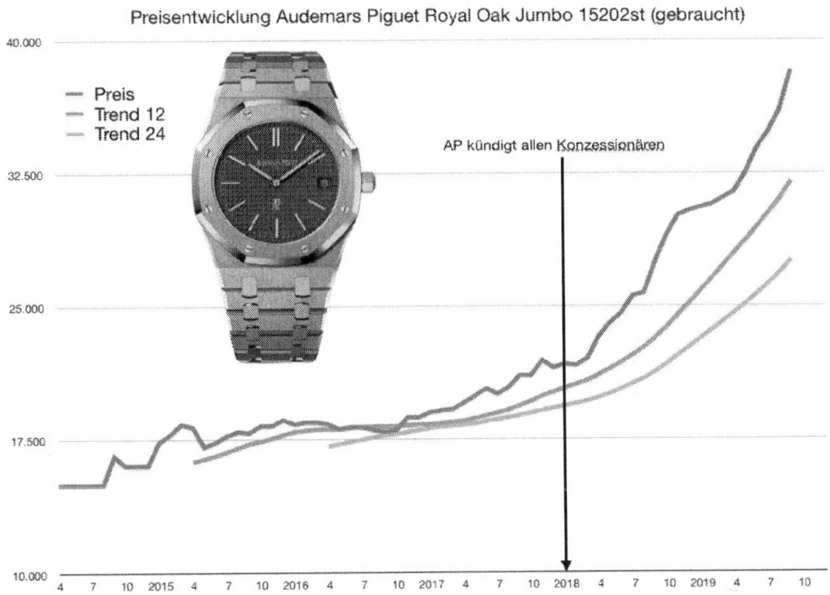

Abbildung 10.18: Wert Audemars Piguet Royal Oak Ref. 15202st, gebraucht

bekommen noch eingeschränkter sein wird, als bereits heute.

Und die Uhrenwelt befürchtet diese nochmalige erhebliche Verknappung offenbar. Denn seit diese Strategieänderung bekannt wurde, ist der Preis der 'Royal Oak' Jumbo 15202st praktisch durch die Decke gegangen.

Eine Stahl-Uhr, die bereits mit einem Listenpreis von 24.000 Euro nicht gerade zurückhaltend bepreist ist, wird derzeit am Markt für beinahe 40.000 Euro gehandelt. Der Gebrauchtpreis hat sich damit in unserem Betrachtungszeitraum von 5 Jahren auf +130% erhöht.

Audemars Piguet 'Royal Oak Offshore Diver'

Die Nachfrage nach der Royal Oak 15202st wirkt sich freilich auch auf ihre Nachbarmodelle, die RO Chronograph, die RO Offshore und die RO Offshore Diver aus.

Besonders die 'Diver' aber, obschon eine Uhr mit objektiven Qualitäten, verzeichnet bislang nur einen moderaten Preisanstieg.

Abbildung 10.19: Audemars Piguet 'Royal Oak Offshore Diver' 15703/15710

Aber auch das mag sich in naher Zukunft ändern. Denn im Fall der 'Diver' haben wir den Fall, eines sanften Modellwechsel vor uns.

Die 'Diver' ist eine ernstgemeinte Taucheruhr. Sie ist wasserdicht, kommt mir einem meerwassertauglichen Kautschuk-Band daher, hat eine von außen verstellbare Taucherlünette und folgt dem Trend zu maskulinen, sportlichen, robusten Uhren.

Was wir bei der 'Diver' sehen ist ein solider Wertzuwachs, ohne Besonderheiten. Es steht zu vermuten, dass dieser Wertzuwachs primär auf der Inflation beruht, da der Gebrauchtpreis der Uhr weder auf die Veröffentlichung des neuen Modells (Ref. 15710) reagiert, noch auf die Ankündigung von AP künftig selbst über Boutiquen zu verkaufen.

Offensichtlich ist die 'Offshore Diver' ein Modell, das bisher wenig Beachtung findet, unter dem Radar der allgemeinen Aufmerksamkeitsschwelle existiert. Was nicht besonders verwundert, ist sie doch nach der 'Royal Oak' und der 'Royal Oak Offshore' nun die 'Royal Oak Offshore Diver', was sie zu so etwas wie der 2. Ableitung macht, weit weg vom Kern der Sache, die Änderung der Änderung, wenig vom Ursprünglichen, wenig authentisch, AP auf Abwegen...

Aber nichts könnte ferner der Wahrheit sein. Tatsächlich ist die Diver mit ihrem schlichten Aufbau – drei Zeiger, Datum, fertig

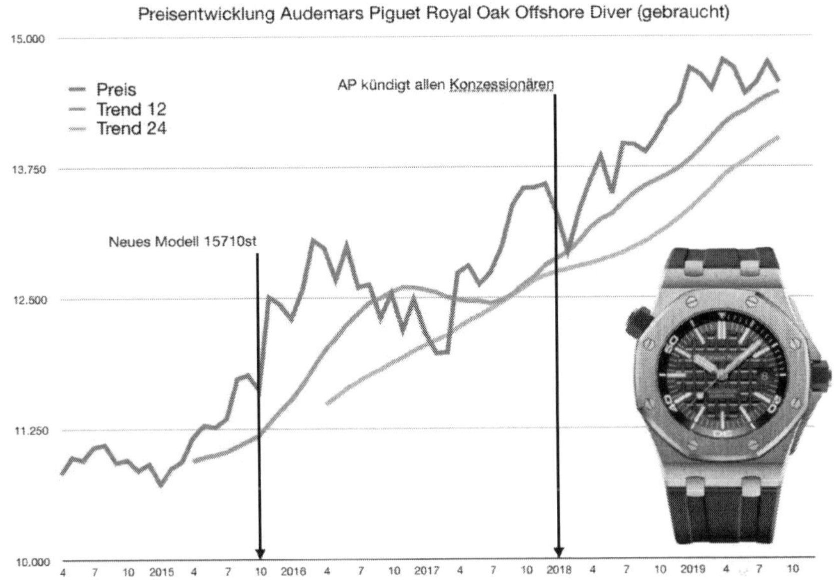

Abbildung 10.20: Wert Audemars Piguet 'Royal Oak Offshore Diver' Ref. 15703/15710st, gebraucht

– näher an der ursprünglichen 'Royal Oak' – zwei Zeiger, Datum – als jede andere 'Offshore'. Tatsächlich verkörpert die 'Diver' mehr als die 'Offshore' mit ihrem Chronographen-Schnickschnack die Idee der 'Royal Oak': eine robuste, regelrecht ruppige, industrielle, in vielerlei Hinsicht kantige und unangepasste, sportliche und zugleich wunderschöne, perfekt gefertigte, ästhetisch kaum zu übertreffende Uhr. Die 'Diver' ist nicht weniger, als die Idee der 'Royal Oak' erfolgreich transferiert ins neue Jahrtausend. Eine schlicht fantastische Uhr, die ihre Liebhaber zweifellos noch finden wird.

Hier könnten wir ein Schnäppchen vor uns haben. Denn sobald die Verknappung der offenbar extrem nachgefragten Royal Oak 15202st und ihrer Derivate, der 15300 und 15400, zur vollständigen Nicht-Verfügbarkeit verkommt, wird die Nachfrage sich auf andere Modelle von AP stürzen und deren Preise nach oben Treiben.

Patek Philippe 'Nautilus'

Auch wenn Patek Philippe freilich als der Gipfel der Haute Horologie angesehen wird, die aus sehr klassischen Uhren besteht, jedenfalls nicht aus Sportuhren, so hat aber der Sportuhren-Hype auch freilich Patek Philippe nicht übersprungen.

Abbildung 10.21: Schönheit: Patek Philippe 'Nautilus' Ref. 5711 (Stahl), Ref. 5726 (Weißgold)

Nachdem Gerald Genta für AP die 'Royal Oak' entworfen hatte, wollte auch Patek eine moderne Sportuhr und so entstand die Nautilus – bis heute als eine der gelungensten und schönsten Uhren überhaupt des gesamten Uhrenzirkus. Jeder, der es sich leisten kann, will eine haben.

Damit wir hier den preislichen Rahmen nicht zu sehr sprengen, beschränken wir uns auf die 'Nautilus' in Stahl, was ihre Vergleichbarkeit zur AP Royal Oak erhöht. Freilich lassen sich spielend Modelle in Weißgold mit diversen Komplikationen finden, die diesen Preisbereich weit nach oben überschreiten.

Das Nautilus Basismodell, Stahl, Datum, erfuhr in den vergangenen 5 Jahren eine durchaus spektakuläre Wertentwicklung. Eine Zunahme von +87%, also eine beinahe Verdopplung ihres Wertes als gebrauchte Uhr ist sicherlich außergewöhnlich. Und das erneut für eine Uhr, deren Listenpreis im Bereich von 30.000 Euro rangiert.

Mehr als im Fall der 'Royal Oak', die durch die Verknappungspolitik und die Boutiquen-Strategie von AP, ihre Preise stabilisieren

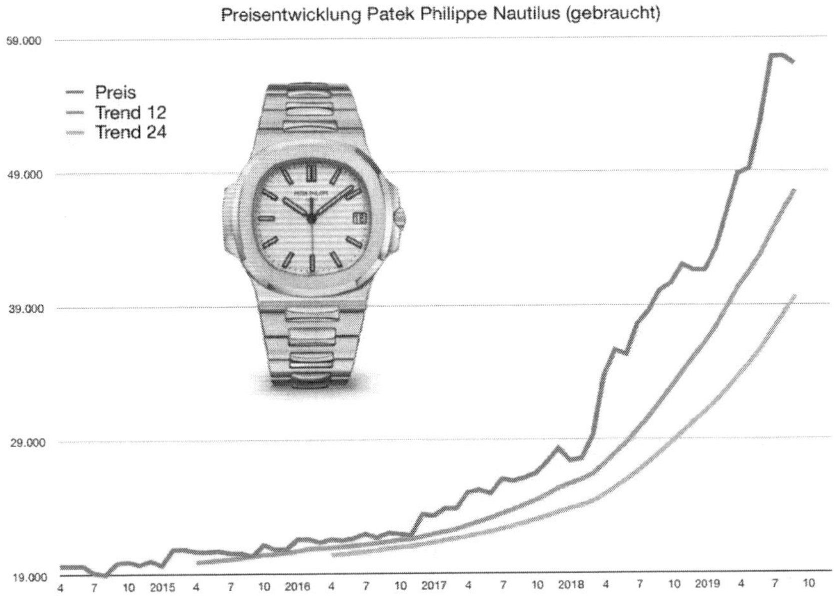

Abbildung 10.22: Wert Patek Philippe 'Nautilus', gebraucht

wird, dürfte die Nautilus eine baldige Stagnation oder gar einen Rückgang dieses Rekord-Wertes erwarten müssen. Doch da sind wir immer noch weit von der Verlust-Zone entfernt.

Beimengungen

Freilich kann nicht jeder Kauf ein Volltreffer sein. Manchmal kauft man irrational und nach Geschmack, vielleicht ist man verführt, einer Mode zu folgen, verspürt Abenteuerlust, sich außerhalb der empfohlenen Pfade zu bewegen, ist überzeugt davon, dass diese Uhr, ihr Stil, ihre Klarheit, ihr brillantes Design, sie zur Referenz, zur Ikone ihrer Zunft noch machen wird. Dann greift man zu, erfreut sich an dem Stück

Panerai 'Luminor Marina'

Panerai hat in den vergangenen 2 Jahrzehnten viel Aufmerksamkeit auf sich gezogen. Vor allem durch Marketing Coups, wie die

Präsenz in Männer-Filmen und dort am Arm von ganzen Kerlen, wie Sylvester Stallone und Arnold Schwarzenegger.

Und das passt freilich zu einer Italienischen Marke, Machismo, gepaart mit italienischer Eleganz. Und schließlich waren Panerai-Uhren schon immer archaische Militäruhren, robust, roh, kraftvoll und für den Kampf gemacht. Und das strahlen sie bis heute aus. Auch wenn all das freilich gar nicht stimmt, wie wir oben gesehen haben.

Abbildung 10.23: Cool: Panerai 'Luminor Marina' PAM111, PAM422

Und eines bleiben die Uhren von Panerai bis heute, auch wenn sie schon lange nicht mehr von Soldaten getragen werden: coole Luxusuhren mit einem besonderen Flair, gut zu tragen und unkompliziert zu handhaben. Und als solche haben sie einen berechtigten Wert und einen berechtigten Platz im wachsenden Uhrenzirkus.

In der Abbildung sehen wir den typischen Kurvenverlauf für eine Uhr eines Herstellers, der nicht zu den wenigen elitären Herstellern zählt, deren Uhren Kultstatus haben und entsprechend ihren Wert erhalten oder sogar stark in Wert steigen.

Nicht zu übersehen: auch die PAM111 bewegt sich in einem relativ schmalen Bereich von 600 Euro zwischen 3.700 und 4.300 Euro. Was bedeutet, dass auch die inzwischen durchaus nicht mehr aktuelle PAM111 durchaus ihren Wert hält, aber eben nicht vorbildlich, nicht besonders, nicht herausragend – schon gar keinen Wertzuwachs verzeichnet. Ein leichter Verfall des Wertes, das hatten wir oben als durchaus akzeptabel eingestuft. Ein Wert von -30% ist in der Sichtweise des Werterhalts immer noch ein stabiler

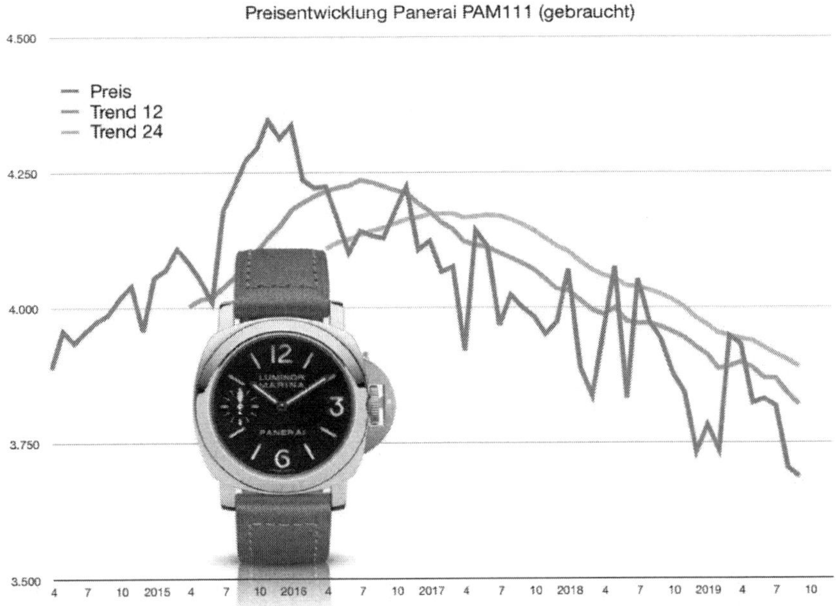

Abbildung 10.24: Wert Panerai 'Luminor Marina' PAM111, gebraucht

Kapitalerhalt von 70%.

IWC 'Big Pilot'

IWC hat bereits im 2. Weltkrieg Fliegeruhren gefertigt. Diese waren zwar noch größer, als die mit 46 mm großzügig dimensionierte 'Große Fliegeruhr' im internationalen Feld genannt 'Big Pilot', doch 50 und noch mehr mm Gehäuse sind am Markt freilich nicht vermittelbar, also bleibt man so groß wie möglich.

Die Wertentwicklung der 'Big Pilot' hat indes derzeit viele Facetten: Einmal gab es einige Modellwechsel mit teils auch technisch relevanten Verbesserungen. Anfangs gab es Probleme mit der großen Krone, die das Uhrwerk beschädigen konnte.

Im Gegensatz zu anderen Uhren von IWC, die lediglich ein Uhrwerk 'von der Stange' von ETA haben, arbeitet in der 'Big Pilot' ein IWC Hauseigenes Werk mit einer sehr hohen Gangreserve von 7 Tagen.

Das Vorbild der Big Pilot sind analoge Cockpit-Instrumente und die genaue Wiedergabe dieses Vorbilds ist bedeutsam für die Anerkennung der Uhr als Ikone alter Pilotenuhren aus dem 2. Weltkrieg.

Aufgrund ihrer ungewöhnlichen Größe und ihres eleganten Designs, nicht zuletzt ihres trotz ihrer Größe hohen Tragekomforts, hat die 'Big Pilot' eine solide Fan-Basis.

Abbildung 10.25: Klassisch: IWC 'Big Pilot' Ref. 5002, Ref. 5004, Ref. 5009

Während das erste Modell 5002 im Preis derzeit nachgibt, obschon einige Kenner es als das originale und originäre Modell erachten, sehen wir bei den Nachfolgern 5004 und 5009 eine durchwachsene, aber durchaus nach oben orientierte Wertentwicklung.

Die Unstetigkeiten der Kurve stammen wohl von der relativen Seltenheit der Uhr. Verglichen mit den Volumenmodellen von Rolex und Omega wird die 'Big Pilot' signifikant seltener angeboten und verkauft.

Doch immerhin finden wir auch hier, obschon wir uns außerhalb der bedeutenden Marken, aber freilich noch tief im Feld der renommierten und hoch-wertigen und -preisigen Hersteller bewegen, eine beachtliche Wertstabilität. In der Momentaufnahme sehen wir sogar eine Zunahme von +24% des Wertes in den letzten 5 Jahren.

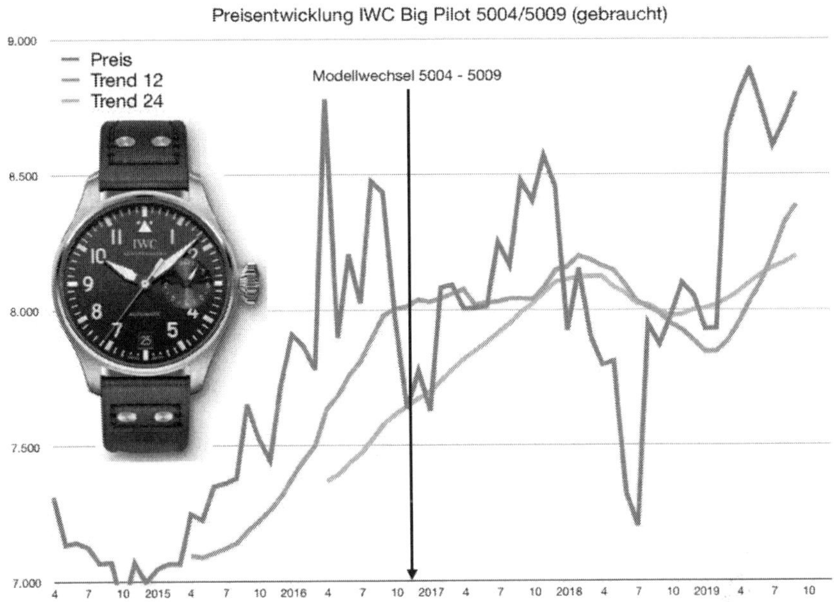

Abbildung 10.26: Wert IWC 'Big Pilot' 5004/5009, gebraucht

Hublot 'Big Bang Black Magic'

Hublot ist eine Hype-Marke. Nichtsdestotrotz hat sie sich am Markt besser etabliert, als etwa Frank Muller, der komplett wieder in der Versenkung verschwunden ist.

Hublot versteht sich als Enfant Terrible, als Provokateur, Hublot versucht zu polarisieren. Die Big Bang war damit für Hublot der Urknall in eine neue Zeit, eine Zeit in der man mit diesem übergroßen Sportmodell versucht die Aufmerksamkeit des Marktes zu gewinnen – koste es was es wolle.

Die 'Big Bang' ist freilich eine schamlose Kopie der Audemars Piguet 'Royal Oak Offshore' und damit eine Taucheruhr, allerdings Hublot-typisch ohne nennenswerte Wasserdichtigkeit.

Das verweist sie ins Reich der mehr-Schein-als-Sein Uhren und der Modeuhren, was Hublot aber wohl auch niemals anders beabsichtigt hat, ein Feld in dem man sich solide eingerichtet hat und immer mehr Schein produziert, so viel, dass es regelrecht zum Stil, zur Handschrift von Hublot geworden ist.

Abbildung 10.27: Klassisch: Hublot 'Big Bang' Modell 'Black Magic', 'Unico Black Magic', 'Meca10'

. Daher haben wir als interessante Hublot-Modelle jene ausgewählt, die den Spirit von Hublot am besten repräsentieren: laut, auffällig, provokant, groß, sinnlos. All das zeichnet diese Uhren aus, die man so dringend braucht wie einen Lamborghini, der über 300 km/h fährt, und doch will man ihn haben. Diese provokanten, sinnlosen Dinge sind das Salz in der Suppe des Lebens.

Denn auch das ist eine Facette von Luxus: nicht nur mehr zu haben, als man benötigt, sondern auch irrsinnig, spaßig, wahnsinnig viel mehr, als irgendwer bräuchte. Und das kann auch ein Design sein, eine Ausstrahlung, irgendwas... ganz egal, Hauptsache komplett irre.

Hublot ist meisterhaft in dieser Disziplin.

Man darf bei einer Uhr mit so relativ wenig Substanz, verglichen mit so viel heißer Luft freilich keine großen Wertsteigerungen jenseits von vielleicht einem vorübergehenden Mode-Zufallstreffer erwarten. Und doch sehen wir selbst hier, dass unser Geld auch über den recht langen Zeitraum von mehr als 5 Jahren vergleichsweise gut aufgehoben war.

Auch wenn der Trend tendenziell nach unten zeigt, so haben wir in Zahlen doch über 5 Jahre immerhin noch +4% erreicht, was man getrost 'Kapitalerhalt' nennen darf. Kein Gewinn, aber auch kein Verlust.

Wir sehen: auch mit diesen Uhren können wir durchaus Spaß haben und abgesehen von einem kleinen Wertverlust eine gewisse Wertstabilität genießen.

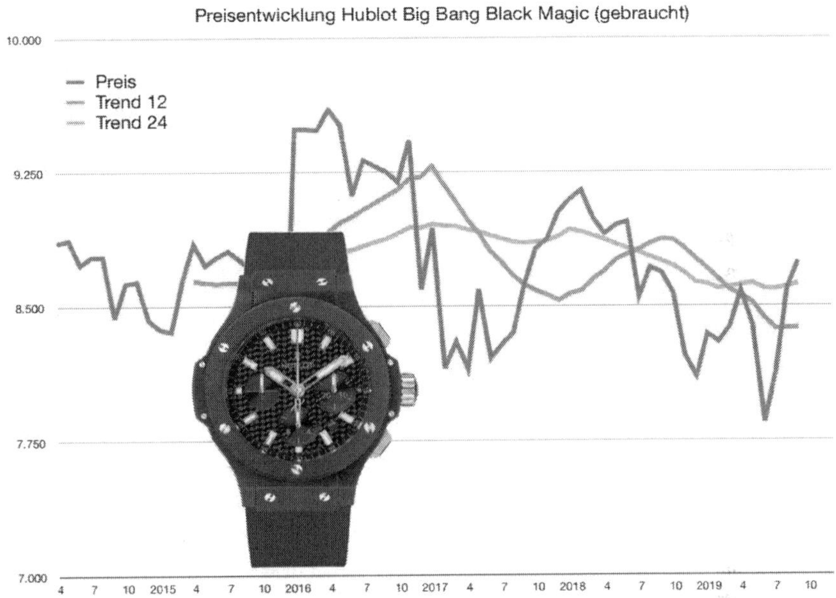

Abbildung 10.28: Wert Hublot 'Big Bang Black Magic', gebraucht

Kapitel 11

Vergleich der Anlageformen

Zu guter Letzt lassen wir unser Uhrenportfolio im direkten Shoot-Out antreten gegen Aktien und Gold. Wie schlägt sich der Außenseiter? Welche Sachwerte machen das Rennen auf die mittlere Distanz von 5 Jahren?

Wertzuwachs und Gewinn

Freilich sind all diese Wertzuwächse, wie auch bei Aktien, Aktienfonds, jeder anderen Art von Kunst und Sachwert stets nur theoretischer Natur. Zu einem Gewinn wird ein höherer Wert immer erst, wenn er *realisieirt* wird, also man die Uhr verkauft und tatsächlich dieses Geld auch bekommt. Ansonsten ist er rein theoretisch, eine schöne Zahl, nichts mehr.

Doch freilich haben wir es darauf gar nicht abgesehen. Wir wollen ja im Gegenteil aus der extrem schlechten, weil von Inflation und anderen Entwertungen bedrohten 'Währung' Geld heraus und in etwas dauerhaft werthaltiges investieren.

Daher: diese Wertsteigerungen sind unterhaltsam, helfen uns, uns von der Richtigkeit unseres Tuns zu überzeugen, aber nicht der Kern der Sache. Es geht nicht darum schnelle Gewinne einzufahren, dann wären wir Händler, nicht Investoren. Es geht darum, Wert, Kapital, mittel- und langfristig zu erhalten, zu speichern und übertragbar, etwa auf Nachkommen zu machen.

Gold

Gold ist immer eine Art letzter Fluchtort für Kapital, wenn die Welt gefährlicher wird, wenn also Anlageformen wie Aktien zu risikoreich erscheinen, weil unabsehbare politische Ereignisse die Investitionsfreude der Anleger arg bremsen und damit die arg sensibel und oft hektisch reagierenden Aktienkurse in den Keller fallen lassen drohen.

Aber Gold erwirtschaftet keine Rendite, Gold ist ein reiner Speicher von Wert. Und freilich wird auch mit Edelmetallen 'spekuliert', was bedeutet, dass man versucht mit Kursänderungen Geld zu verdienen, indem man billig einkauft und teuer verkauft. Daher ist auch Gold kein Markt, der frei und für sich existiert, sondern den Manipulationen der Big Player unterworfen ist.

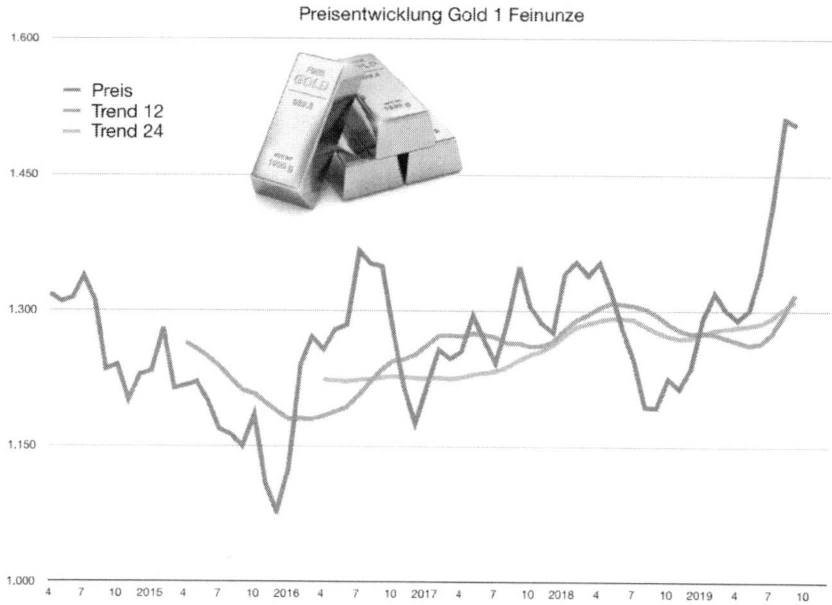

Abbildung 11.1: Wertentwicklung von Gold zum Vergleich

Was wir jedoch klar erkennen können, ist dass der Goldpreis abgesehen von einem (möglicherweise sehr temporären) Anstieg im Sommer 2019 seit Jahren relativ konstant ist und Schwankungen aufweist, aber keinen eindeutigen Trend nach Oben oder Unten.

Das bedeutet gleichzeitig auch, dass Gold – genuin ja ohne jede Rendite – eine Anlageform ist, die seit Jahren lediglich dem Werterhalt dient, aber kaum Gewinne verspricht.

Durch den deutlichen Anstieg in den letzten Monaten erreichen wir zwar über die 5 Jahre des Betrachtungszeitraums immerhin einen Wertzuwachs von +22%, doch der mag sehr kurzfristiger Natur oder auch der steigenden Inflation geschuldet sein.

Aktien

Wir wollen den großen Aktienzirkus beleuchten anhand des bedeutendsten nationalen Aktienindex der Welt, dem US-Amerikanischen DOW JONES Index. Er fasst die Wertentwicklung der 30 wichtigsten Aktienwerte, also der bedeutendsten Unternehmen der US-Wirtschaft zusammen.

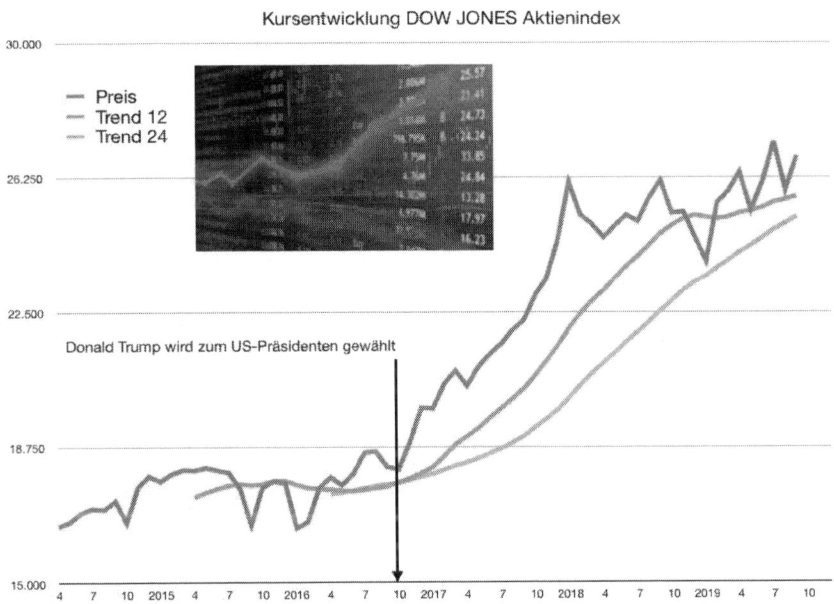

Abbildung 11.2: Wertentwicklung des DOW JONES Aktienindex zum Vergleich

Da die US-Wirtschaft auf den weltweiten Aktienmarkt starken Einfluss hat, entwickeln sich die meisten Aktienindizes weltweit durchaus ähnlich, weshalb wir diesen Index exemplarisch betachten wollen.

Im betrachteten Zeitraum der letzten 5 Jahre, stellen wir fest, dass der DOW um etwa +55% gewachsen ist. Wie in allen Fällen des Wertzuwachses, gemessen in den Zahlen einer Währung, setzt sich dieses Wachstum zusammen aus dem 'realen' Wachstum, also im Falle von Aktien der gestiegenen Wirtschaftskraft der betrachteten Unternehmen, aber auch aus dem 'imaginären' Wachstum, resultierend aus dem Wertverfall der Währung, in der der Sachwert notiert.

Wir erkennen also, dass in diesen Jahren im Aktienmarkt der USA ein Zuwachs von +55% festgestellt werden kann, der sich aus 'realem Wachstum' + 'Inflation' zusammensetzt. In welchen Anteilen ist unbekannt. Die offiziellen Zahlen zur Inflation werden stets von den regierenden Parteien gefälscht, da die Menschen sehr empfindlich reagieren, wenn sie verstehen, dass ihr hart verdientes Geld rasant weniger wert wird.

Uhrenportfolio

Freilich ist diese Auswahl an exquisiten Uhren nahezu genial zu nennen. Jeder Uhrensammler oder Investor, der dieses Portfolio sein Eigen nennt, hat offensichtlich Geschmack, Weitsicht und Branchenkenntnis nachgewiesen und kann sich heute einer Wertsteigerung seiner Stücke erfreuen, die jeden Anleger in Aktien oder Gold blass aussehen lassen.

Und das bei großer Entspanntheit. Denn das Risiko, in Uhren zu investieren ist, aufgrund ihrer grundsätzlich hohen Wertstabilität, gering, wie wir deutlich sehen, das Wertsteigerungspotential bestimmter Modelle einiger wohlbekannter Hersteller aber beträchtlich.

Wie die Einzelbesprechungen zeigen, ist die Mehrzahl dieser Uhren, ausgewählt aus einer durchaus überschaubaren Anzahl an Herstellern, alles samt kein Hexenwerk, sondern weithin bekannt die herausragenden Exemplare ihres Spezies.

Und selbst wenn wir uns primär von Authentizität, Ästhetik und persönlichem Geschmack leiten lassen, so liegen wir bei den

Abbildung 11.3: Exquisites Portfolio

genannten Herstellern selten wirklich in einem Bereich, der monetär gefährlich wäre.

Wenn es also auch etwas Kenntnis und Erfahrung kostet so ist es doch nicht unmöglich, diese Uhren als Kapitalanlage bei sich zu versammeln, um sich an ihrer Wertentwicklung zu erfreuen.

Wie das Diagramm der summierten Werte zeigt, haben wir für die genannten Stücke etwa 70.000 Euro investiert, liegen ihrem Wiederverkaufswert nach, aber 5 Jahre später bei über 120.000 Euro, also bei nahezu dem Doppelten. 'Den Einsatz verdoppeln' ist eine Disziplin, die hie und da bei hochriskanten Aktiengeschäften gelingt, bei anderen Anlageformen aber der Moment ist, an dem Ostern und Weihnachten auf einen Tag fällt.

Freilich werden wir den genannte Wertzuwachs aus mehreren Gründen in der Praxis nicht erreichen.

1. werden wir nicht alle Uhren an einem Tag kaufen, was bedeutet, dass wir einige später und damit bis heute, gesetzt einer relativ kontinuierlichen Wertzunahme, zu einem höheren Preis kaufen werden.

2. mag die Situation in der wir uns heute, also zum Zeitpunkt

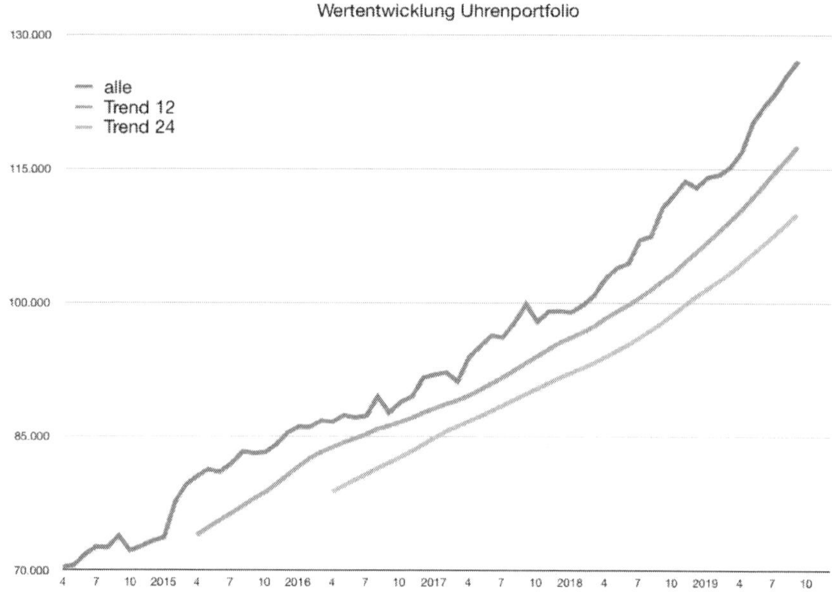

Abbildung 11.4: Wert Uhrenportfolio aller Uhren der Fallbeispiele, gebraucht

als dieses Buch geschrieben wird, in einer besonderen Situation des Hypes finden.

Die extremistische Politik der Machthabenden in Europa, der Verfall der Währungen durch Inflation, intensiviert die Suche der Menschen nach bleibenden Werten, nach Sachwerten, in die sie ihr sauer verdientes Kapital flüchten können. Eine solche Situation mag nicht immer bestehen.

3. Nutzen die sehr starken und markbewussten Hersteller wie Rolex und Audemars Piguet diese Situation die Preise durch Verknappung weiter anzuheizen. Aber wird dies in einer 'Blase' resultieren, die irgendwann platzt, also die Preise wieder ins Nirvana purzeln? Es ist stets anzuraten sich Spekulationen über die Zukunft zu enthalten. Und doch meine ich, dass dem Angebot, das Firmen wie Rolex (Ausstoß 1 Mio Uhren pro Jahr) weltweit bedienen können, wogegen Audemars Piguet und Patek Philippe nur einen Bruchteil davon leisten können und wollen, weiterhin so weit hinter der Nachfrage her hinken wird, dass es unwahrscheinlich

ist, dass die Werte verfallen, vielleicht gibt es eine Gegenbewegung bei allzu extremen Wertentwicklungen. Aber unter den Listenpreis wird keine der Uhren der empfohlenen Hersteller zurückfallen.

4. Und letztlich wollen wir primär Kapital erhalten. Wollen wir also nicht der Gier verfallen und immer mehr wollen, sondern zufrieden sein mit der Aufrechterhaltung unseres Kapitals, eine Disziplin, die, wie wir eingangs erörtert haben, für sich genommen kein Leichtes ist und durchaus Wertschätzung verdient.

Und sollte man mit der Wertentwicklung doch unzufrieden sein, so kann man sich mit der Rendite der Uhren trösten: Meisterwerke der Handwerkskunst, kleine perfekte Maschinen, wunderbare Exemplare einer alten und beinahe vergessenen mechanischen Technologie, herausragende Beispiele, wozu Menschen im Streben nach Perfektion in der Lage sind. Und im Zweifel zeigen sie alle die Uhrzeit.

5. Freilich ist die Uhr als Anlageform, ganz ähnlich wie andere Kunstwerke oder Sammlerstücke nicht so fein unterteilbar, wie etwa Aktienanteile oder gar Fondsanteile. Hier legen wir in einzelnen Chunks zu 5.000 bis 50.000 Euro an, ähnlich wie bei größeren Goldbarren. Dafür ist diese Anlageform aber auch transportabel und kompakt und nicht nur eine Zahl in einem Computer einer Bank. Computer weg – Geld weg.

Dereguliert, unkontrollierbar, privat

Hier nicht: die Uhren hat man sinnvollerweise im Tresor daheim oder im Bankschließfach der Bank Ihres Vertrauens. Im Zugriff. Nicht im Zugriff des Staates, der Bank oder sonstiger Krimineller, sondern privat, diskret und unter Ihrer Kontrolle, Niemandens sonst.

Und noch etwas verbirgt sich in dieser Privatheit, dieser nicht-Kontrollierbarkeit des Kunstmarktes. Will man heute etwas tun, hält der Staat sofort die Hand auf. Überweist man Geld ist dies eine Schenkung und kostet Steuern, verstirbt man, zahlt der glückliche Erbe Erbschaftssteuer, überweist man größere Summen halten die Banken schamlos für 'Bearbeitungsgebüren' die Hand auf, nicht anders bei Aktientransaktionen und Fondsanlagen. Nicht selten werden die Gewinne von den Gebühren aufgefressen.

Nun, wer eine Uhr besitzt, das kann der Staat nicht kontrollieren. So kann man aber – und ich rate das hier ausdrücklich niemandem an, ich weise nur darauf hin – erhebliche Sachwerte von Generation zu Generation wandern lassen, ohne dass der Staat sich daran kriminell bereichern könnte. Nur als Denkanstoß und wo wir anfangs davon gesprochen hatten, warum reiche Menschen dies und jenes tun, statt einfach das, was alle die Armen tun. Sie erhalten einfach ihr Kapital, anstatt es unbefugten zu schenken oder es sich stehlen zu lassen. Genau deshalb sind sie reich.

Wertzuwachs und Gewinn

Freilich sind all diese Wertzuwächse, wie auch bei Aktien, Aktienfonds, jeder anderen Art von Kunst und Sachwert stets nur theoretischer Natur. Zu einem Gewinn wird ein höherer Wert immer erst, wenn er *realsieirt* wird, also man die Uhr verkauft und tatsächlich dieses Geld auch bekommt. Ansonsten ist er rein theoretisch, eine schöne Zahl, nichts mehr.

Doch freilich haben wir es darauf gar nicht abgesehen. Wir wollen ja im Gegenteil aus der extrem schlechten, weil von Inflation und anderen Entwertungen bedrohten 'Währung' Geld heraus und in etwas dauerhaft werthaltiges investieren.

Daher: diese Wertsteigerungen sind unterhaltsam, helfen uns, uns von der Richtigkeit unseres Tuns zu überzeugen, aber nicht der Kern der Sache. Es geht nicht darum schnelle Gewinne einzufahren, dann wären wir Händler, nicht Investoren. Es geht darum, Wert, Kapital, mittel- und langfristig zu erhalten, zu speichern und übertragbar, etwa auf Nachkommen zu machen.

Buchempfehlungen

Wenn Sie dieses Buch mochten, dann dürften auch diese für Sie interessant sein...

Luxus Uhren

4/5 Sterne **** Gute Übersicht für jeden, der darüber nachdenkt, sich eine Luxusuhr zu kaufen: »Gute Übersicht über die relevanten Uhrenhersteller und ihre jeweilige Bedeutung. Einige herausragende Modelle werden besprochen. Argumente in Luxusuhren zu investieren werden angeführt. Gut zu lesen.«

4/5 Sterne **** »Die Informationen in diesem Buch sind sehr hilfreich.«

4/5 Sterne **** »Vier Sterne. Ansprechend.«

»Mir hat das Buch gefallen und jetzt muss ich eine Bank ausrauben, um mir eine Rolex oder eine Patek Philippe leisten zu können.«

»Das ist ein wirklich interessantes Buch. Ich bin bereit für Luxus.«

»Gute Ratschläge und Einsichten«

Eine Luxusuhr kostet mehr als 5.000 Euro. Wir sprechen hier also von einer signifikanten Menge Geld. Viele Luxusuhren kosten sogar noch entschieden mehr. Eine solche Uhr zu erwerben will wohlüberlegt sein. Denn man kann vieles richtig und auch vieles falsch machen.

Dieses Buch hilft Dir dabei, falsche Entscheidungen zu vermeiden, die Dich viel Geld kosten können. Es wird Dir helfen zu verstehen, wie der Luxusuhrenmarkt funktioniert.

Es gibt hunderte Uhrenhersteller und noch viel mehr Modelle auf dem Markt. Dieses Buch wird Dir helfen die wichtigsten Marken kennenzulernen und die Uhren zu finden, die nicht nur nett aussehen, sondern auch ein gutes finanzielles Investment darstellen.

Alte gebrauchte Uhren aus den 1980er Jahren und älter sind derzeit sehr in Mode. Beim Kauf einer Luxusuhr kommt also offensichtlich nicht nur eine neue Uhr in Frage, sondern auch eine 'gebrauchte'. Zum aktuellen Produktspektrum kommt also eine ganze Historie von alten Modellen hinzu, die es sich lohne zu kennen.

Aber wir beginnen ganz am Anfang. Was ist eine Luxusuhr überhaupt und warum ist sie so extrem teuer? Welche Modelle und welche Hersteller halten ihren Wert über die Jahre, welche werden sogar unter Umständen mehr wert? Welches sind überhaupt die am höchsten angesehenen Uhrenhersteller der Welt? Rolex? Welche Modelle gelten als herausragend, zeitlos, welches sind die Klassiker, gar die Ikonen? Und sollte ich mir nicht lieber eine viel billigere China-Kopie kaufen, eine sogenannte 'Replika' Uhr... und was unterscheidet die eigentlich von einer 'Hommage' Uhr? Kann eine Luxusuhr gar ein gutes finanzielles Investment sein, etwa wie Kunst, Oldtimer oder Edelmetalle?

Wer beabsichtigt sich eine Luxusuhr zu kaufen sollte offensichtlich zuvor einiges wissen.

Und da sind wir bei diesem Buch.

Es beantwortet Dir all diese Fragen und gibt Dir Ideen und Anregungen, worum es bei Luxusuhren geht und nach welchen Kriterien Du Dir die Uhr aussuchen solltest, die Du haben willst.

Das Buch finden sie natürlich auf unserer Website unter...
http://denk-verlag.de/luxus-uhren

Rolex Uhren

4/5 Sterne **** Tolle Informationen: »Die Informationen haben mir sehr geholfen...«

5/5 Sterne ***** Ein sehr gutes Buch: »Eine sehr gute und kompakte Zusammenfassung, wenn man in kurzer Zeit viel über Rolex erfahren möchte.«

5/5 Sterne ***** Lesenswert und zu einem fairen Preis: »Dieses Buch ist eine sehr nützliche und klar geschriebene Einführung für jeden, der sich für Rolex-Uhren interessiert. Alle modernen und viele wichtigen Vintage-Uhren sind abgedeckt. Das kompakte Format ist sehr praktisch.«

5/5 Sterne ***** »Sehr gut!«

»Tolles Buch, sehr unterhaltsam.«

Dieses Buch versorgt Dich mit einer Menge kaufrelevanter Background-Informationen über die bedeutendsten Rolex Modelle.

Mit diesem Buch wird es Dir leicht fallen, die Uhr auszuwählen die Du haben möchtest. Du findest eine schnelle Übersicht über alle relevanten Rolex Modelle, aktuelle wie historische und Du wirst verstehen, warum einige als bedeutender als andere eingestuft werden.

Die Rolex Modellpalette hat sich über einen langen Zeitraum hinweg entwickelt. Und wie jede sich natürlich entwickelnde Struktur erscheint sie auf den ersten Blick leicht etwas verwirrend – und oft auf den zweiten immer noch.

Es ist daher recht hilfreich zu wissen, wann, unter welchen Umständen und zu welchem Zweck welches Rolex Modell eingeführt wurde und welche Veränderungen das Modell über die Jahre erfahren hat. Dieses Buch wird Dir helfen zu verstehen, wofür jede einzelne Uhr entworfen wurde, für welche Zielgruppe, welche Unterschiede es zwischen den einzelnen Modellen gibt und wie sich die Modellpalette in den letzten beinahe 70 Jahren seit etwa 1950 zu dem entwickelt hat, was sie heute ist.

Daraus ergibt sich zwanglos auch ein tieferes Verständnis für die Begeisterung vieler Sammler für ältere Rolex Vintage Modelle, die in der Tat alte Rolex Modelle deutlich mehr wertschätzen und zu höheren Preisen handeln, also die meisten neueren.

Dieses Buch bring Licht in diese oft für den Einsteiger unklaren und wenig transparenten Bereiche der Rolex Welt. Es steht außer Frage, dass Du Deine Traum-Uhr im Spektrum der Rolex Modelle finden kannst.

Die richtige Uhr von Rolex auszuwählen ist auch stets eine Frage von Geld, da keine Rolex Uhr wenig kostet. Daher ist es auch ein Kostenfaktor die Fakten und Hintergründe, die wir Dir hier bieten zu wissen und zu verstehen, bevor Du eine Uhr kaufst. Das mag von Fall zu Fall einen Unterschied von vielen Tausend Euro machen.

Dies ist kein Verkaufskatalog. Im Gegensatz zu einer solchen Herangehensweise, versuchen wir viele Informationen zu vermitteln, die so auf den offiziellen Webseiten *nicht* zu finden sind, insbesondere die historische Perspektive älterer Rolex Modelle, die neben allen neuen, aktuellen Modellen durchaus auch für den Einsteiger eine ernstzunehmende Alternative darstellen, insbesondere die 'Young-Timer' die bis zu 20 Jahre alt sind.

Und wenn nun mehrere Fragezeichen über Deinem Kopf auftauchten, warum um alles in der Welt man eine Uhr kaufen sollte, die bereits 20 Jahre alt ist – und das nicht selten fast zum Neupreis – dann ist dieses Buch genau das richtige für Dich, denn all diese Fragen wirst Du beantwortet finden.

Und so sollte Dir nach der Lektüre dieses Buches entschieden klarer sein, welche Rolex Modelle wie mit den anderen untereinander zusammenhängen und welches Modell das richtige für Dein Handgelenk ist.

'Rolex Uhren' finden Sie hier...
denk-verlag.de/rolex-uhren

Auch als Hörbuch:
denk-verlag.de/uhren/rolex-uhren-audio

Gedankenspiele 9

Hier die Abstracts. Das Buch befasst sich mit folgenden spannenden Überlegungen:

Nicht Bewerten Viele Psychologen und Ratgeber raten dazu nicht zu bewerten und zu beurteilen. Warum? Der Gründe sind vier:

Missing 411 - eine Würdigung In den US-Nationalparks – und wie sich herausstellt auch an anderen Orten der Welt – verschwinden Menschen spurlos. Und hier ist gemeint: spurlos. Vom Erdboden verschluckt. Keine Spuren, keine Überreste, einfach weg. Sehr spannend und sehr unheimlich... was geht da vor?

Was UFOs wirklich sind UFOs sind eine seltsame Mischung aus Erscheinung, selten Interaktion, hie und da formverändernder Licht-Phänomene. Die Idee es handele sich um Raumschiffe aus Metall mit Aliens darin, ist wohl kaum haltbar. Die Vielfalt der Formen und ihre der Physik widersprechenden Eigenschaften legen aber eine ganz andere Erklärung nahe...

Das Internet – Zentralisierung und Monopolisierung Die unglaubliche Breite und demokratische Flachheit des Internet legen nahe, dass es genau das ist: Pluralistisch im Extrem, Demokratisierung von Menschen und Unternehmen, von Angebot und Nachfrage in einer neuen Dimension. Aber ist dem wirklich so? Die Realität sieht ganz anders aus...

Gleichheit Gerechtigkeit Irgendwann wurde zwischen Gerechtigkeit und Gleichheit ein völlig inadäquates Gleichheitszeichen gesetzt. Das hat freilich die Habenichtse gefreut, denn das bedeutete, dass Gerechtigkeit sein sollte, dass sie so viel bekommen sollten, wie die anderen, die mehr hatten...

Die Mondlandungen Alle Mondlandungen waren gefälscht – oder alle nicht. Genau das ist vielleicht der Fehler. Vielleicht waren nur einige gefälscht, andere aber auch nicht...

Raumschiff oder Asteroid Ein interstellares Objekt fliegt durch das innere Sonnensystem. Und es ist nicht rund oder kartoffelförmig, wie man erwarten würde. Es ist 400 m lang und 40 m breit und dick... und besteht zur Mehrheit aus Metall. Ein interstellares Raumschiff? Wie könnte man das herausfinden?

Warum der Schmerzkörper das Drama sucht und damit noch mehr Schmerz erzeugt. Macht das Sinn? Ist die Provokation von Wut nachteilig oder hilfreich...?

Warum die Medien mich ekeln Die Medien bieten mittlerweile nicht mehr als schlechtes Entertainment. Informationspornographie ohne jeden Inhalt. Beliebige Meldungen werden verknüpft um propagandistische Aussagen zu generieren, die nur dem Zweck dienen zu desinformieren, zu verunsichern und die Menschen zu manipulieren. Ekelerregend.

Lesen Sie 'Gedankenspiele 9' hier:
denk-verlag.de/gedankenspiele/Gedankenspiele-9

Auch als Hörbuch:
denk-verlag.de/gedankenspiele/Gedankenspiele-9-audio

Zeigen Sie auch anderen dieses ebook...
auf Facebook - auf Twitter - auf Google+
auf Pinterest - auf Tumblr - auf Reddit

Gedankenspiele Thema 1: JFK

Der Mord an JFK stellt einen Wendepunkt der neueren Geschichte der gesamten westlichen Welt dar. Ein demokratisch gewählter Präsident, mehr noch, der bedeutendste demokratisch gewählte Präsident, der Führer der gesamten westlichen Welt wurde von einer undemokratischen Minderheit durch ein Gewaltverbrechen aus seinem Amt entfernt – und mit ihm die Menschen, die ihn gewählt hatten, der angeblich wahre Souverän – namentlich das Volk.

Doch damit nicht genug. In den folgenden Jahrzehnten wurde dann das Amt des 'mächtigsten Mannes der Welt' mehrheitlich mit Personen besetzt, die irgendwie in diesen Mord verwickelt scheinen und bei seiner Vertuschung eine auffällige bis unrühmliche Rolle gespielt haben: etwa Lyndon Johnson, Richard Nixon und Gerald Ford. Die Machtergreifung der Kriminellen gipfelte dann in der Präsidentschaft von George H.W. Bush und den völkerrechtswidrigen

Kriegen seines indirekten Nachfolgers George W. Bush.

Es ist nicht übertrieben zu mutmaßen, dass mit dem Mord an JFK die gesamte Demokratie in den USA und damit in der gesamten westlichen Welt abgeschafft und durch ein perfides Machtsystem von unsichtbaren Kräften ersetzt wurde, das seither durch Medienbeeinflussung, die Vorgaukelung von Terrorgefahr und Krieg zur Erlangung finanzieller Vorteile und Ressourcen herrscht.

Der 22.11.1963 stellt also einen Wendepunkt in der neueren Geschichte dar, der nur deshalb nicht in den Geschichtsbüchern als solcher gewürdigt wird, weil die namenlose Gruppierung, die sich hier an die Macht mordete bis heute die entscheidenden Positionen und Ämter der westlichen Welt innehat und eine entsprechende offizielle Darstellung noch immer zu verhindern vermag.

Nur eine Verschwörungstheorie? Lesen Sie die Gedanken von Leonard Löwe dazu und bilden Sie sich Ihre eigene Meinung.

Das Buch

Hier die Abstracts. Das Buch befasst sich konkret mit folgenden spannenden Überlegungen:

Bobby John Kennedy und Robert Kennedy wurden beide nicht von einem verwirrten Einzeltäter getötet, sondern von denselben Drahtziehern. Und der Fall Robert Kennedy hält den Beweis dafür parat. Man muss ihn nur genauer untersuchen...

Jack K. Warum eigentlich wird die Erinnerung an JFK seit einigen Jahren offensiv besudelt. Ein Weiberheld soll er gewesen sein, promiskuitiv, drogenabhängig, schwerkrank, keine Kriegsverletzung, wie stets kolportiert wurde. Kein König Artus also, sondern eher ein moralloser Despot mit Hormonüberschuss auf Speed? Woher diese Meinungsänderung? Ist JFK und der Kult um ihn etwa mächtigen Drahtziehern im Weg? Und wenn ja, warum...? Tot ist der doch schon. Und Toten übel nachzureden ist zweifellos eine der feigsten und miesesten Methoden Meinung zu machen...

Die Legende von Jack und Abe Die beiden ermordeten Amerikanischen Präsidenten wurden beide zu Ikonen. Abraham

Lincoln und John F. Kennedy. Doch vielleicht sind nicht nur die Umstände ihrer Ermordung auf merkwürdige Weise ähnlich, sondern auch die Motive – natürlich Geld – und sogar die Drahtzieher. Nämlich die, die akut viel zu verlieren hatten.

22.11.1963 Dallas/Texas Die Frage wer JFK ermordet hat, wie das Attentat in Wahrheit ablief und wer die Drahtzieher waren wird ungeklärt bleiben. Aber das sollte einen nicht daran hindern viele plausible und weniger plausible Quellen zu einem einigermaßen konsistenten Gesamtbild zu kondensieren. Und ein alter Bekannter ist dann plötzlich mitten drin...

Der Film von Abraham Zapruder Ein erstaunlicher Mann dieser Abraham Zapruder. Er filmt wie direkt vor ihm dem Präsidenten der Kopf weggeschossen wird und was tut er? Er filmt weiter. Seltsam, nicht...?

George H. W. Bush Papa Bush hat in seinem Leben allerlei hochtrabende Stationen erlebt. CIA-Direktor, US-Vize-Präsident, schließlich US-Präsident. Sogar einen Sohn im Weißen Haus (George W. Bush). Ein beeindruckendes Lebenswerk. Wie gelingt derartiges? Mit bloßem Intellekt, Integrität und Strahlkraft. Nun, mindestens Letzteres hatte Bush nie. Was also ist das Geheimnis seines Erfolges? Und was hat das Attentat auf JFK damit zu tun?

Eitelkeit Warum sagen die Massenmörder allen, dass sie es waren? Sind sie unzurechnungsfähig... oder nur eitel?

Präsidenten? Die Präsidenten in der Folge von Kennedy waren alle Marionetten von Bush... fast...

Der Goldstandard Die Abschaffung der Golddeckung des US Dollar öffnet die Büchse der Pandora...

Mondlandung und Kriegsindustrie Wie kam Kennedy überhaupt auf die Schnaps-Idee, zum Mond zu fliegen? Bei genauerer Betrachtung stellt sich heraus, dass sich dahinter eine ganz irdische aber spektakuläre Vision verbirgt...

eBook, 104 Seiten

Links zum Buch finden Sie auf unserer Website:
http://denk-verlag.de/gedankenspiele-thema/jfk/

Zeigen Sie auch anderen dieses ebook...
auf Facebook - auf Twitter - auf Google+
auf Pinterest - auf Tumblr - auf Reddit

Abbildungsverzeichnis

Tell us Your Opinion

Thank you very much for reading this ebook. We would of course very much appreciate if you liked the ebook. If you have any further questions on the subject, have some criticism or ideas for improvement please feel free to tell us your thoughts: please write to leo.lowe@rocketmail.com or visit our website at THINK-ebooks.com

Printed in Poland
by Amazon Fulfillment
Poland Sp. z o.o., Wrocław

92033560R00110